航空运输类专业"十三五"规划教材
空中乘务专业"十三五"规划教材

民航客舱销售技巧

主　编　郭　凤
副主编　王晓丽　于丽燕　胡宝丹　李小慧
参　编　修　楠　徐晓宇

电子工业出版社
Publishing House of Electronics Industry
北京·BEIJING

内 容 简 介

本书共五章：第一章介绍客舱销售基础知识，包括销售概述、客舱销售介绍、客舱销售职业激励；第二章介绍客舱销售职业能力，包括客舱销售职业素质、客舱销售职业礼仪、客舱销售对象分析、客舱销售准备工作训练；第三章介绍客舱销售过程中的技巧，包括客舱销售技巧、客舱营销沟通、客舱销售技巧训练；第四章介绍顾客购买心理分析，包括销售过程中的心理沟通、针对顾客心理的营销分类、客舱心理销售训练；第五章介绍客舱销售实战，包括客舱销售准备、客舱销售商品介绍和客舱销售情景模拟。

本书可作为高等院校和职业院校空中乘务、民航空中安全保卫、客运乘务等相关专业的教学用书，也可作为航空公司客舱乘务人员的培训教材。

未经许可，不得以任何方式复制或抄袭本书之部分或全部内容。
版权所有，侵权必究。

图书在版编目（CIP）数据

民航客舱销售技巧 / 郭凤主编 . —北京：电子工业出版社，2019.2（2024.12 重印）

ISBN 978-7-121-35559-2

Ⅰ．①民… Ⅱ．①郭… Ⅲ．①民用航空—旅客运输—客舱—销售—高等学校—教材 Ⅳ．①F560.9

中国版本图书馆 CIP 数据核字（2018）第 260318 号

策划编辑：李　静
责任编辑：李　静
印　　刷：北京虎彩文化传播有限公司
装　　订：北京虎彩文化传播有限公司
出版发行：电子工业出版社
　　　　　北京市海淀区万寿路 173 信箱　邮编　100036
开　　本：787×1 092　1/16　印张：12　字数：307.2 千字
版　　次：2019 年 2 月第 1 版
印　　次：2024 年 12 月第 10 次印刷
定　　价：35.00 元

凡所购买电子工业出版社图书有缺损问题，请向购买书店调换。若书店售缺，请与本社发行部联系，联系及邮购电话：（010）88254888，88258888。
质量投诉请发邮件至 zlts@phei.com.cn，盗版侵权举报请发邮件至 dbqq@phei.com.cn。
本书咨询联系方式：（010）88254604，lijing@phei.com.cn。

航空运输类专业"十三五"规划教材建设委员会

主任委员

马广玲（海航集团）
马　剑（北京临空国际技术研究院）
杨涵涛（三亚航空旅游职业学院）
李宗凌（奥凯航空有限公司）
李爱青（中国航空运输协会）
李殿春（香港快运航空公司）
吴三民（郑州中原国际航空控股发展有限公司）
宋庆华（国际航空运输协会）
张武安（春秋航空股份有限公司）
张宝林（西安交通大学）
陈　燕（中国航空运输协会）
耿进友（北京外航服务公司）
黄　伟（重庆机场集团）
綦　琦（广州民航职业技术学院）

副主任委员

江洪湖	汤黎	陈卓	何梅	迟焰
罗良翌	赵晓硕	赵淑桐	廖正非	熊盛新

委　员

马晓虹	马爱聪	王东	王春	王珺	王蓓	王冉冉	王仙萌	王若竹
王远梅	王慧然	方凤玲	邓娟娟	孔庆棠	石月红	白冰如	宁红	邢蕾
先梦瑜	刘科	刘琴	刘舒	刘连勋	刘晓婷	许赟	许夏鑫	江群
范晔	杜鹤	杨敏	杨青云	杨祖高	杨振秋	李广春	吴甜甜	吴啸骅
何蕾	汪小玲	张进	张琳	张敬	张桂兰	陆蓉	陈李静	陈晓燕
金恒	金良奎	周科慧	庞荣	郑菲菲	赵艳	郝建萍	胡元群	胡成富
冒耀祺	鸥志鹏	钟波兰	姜兰	拜明星	姚虹华	姚慧敏	夏爽	党杰
徐竹	徐月芳	徐婷婷	高文霞	郭凤	郭宇	郭沙	郭婕	郭珍梅
郭素婷	郭雅荫	郭慧卿	唐红光	曹义莲	曹建华	崔学民	黄山	黄华
黄华勇	章健	韩奋畴	韩海云	程秀全	傅志红	焦红卫	湛明	温俊
谢芳	谢苏	路荣	谭卫娟	熊忠	潘长宏	霍连才	魏亚波	

总策划　江洪湖

协助建设单位

国际航空运输协会	长沙南方职业学院	武汉东湖光电学校
春秋航空股份有限公司	长沙商贸旅游职业技术学院	闽西职业技术学院
奥凯航空有限公司	长沙民政学院	黄冈职业技术学院
香港快运航空公司	南京航空航天大学	衡水职业技术学院
重庆机场集团	浙江旅游职业学院	山东海事职业学院
北京外航服务公司	潍坊工程职业学院	安徽建工技师学院
北京临空国际技术研究院	江苏工程职业技术学院	安徽国防科技职业学院
郑州中原国际航空控股发展有限公司	江苏安全技术职业学院	惠州市财经职业技术学院
	湖南生物机电职业技术学院	黑龙江能源职业学院
杭州开元书局有限公司	河南交通职业技术学院	北京经济技术管理学院
三亚航空旅游职业学院	浙江交通职业技术学院	四川文化传媒职业学院
广州民航职业技术学院	新疆天山职业技术学院	济宁职业技术学院
浙江育英职业技术学院	正德职业技术学院	泉州海洋职业学院
西安航空职业技术学院	山东外贸职业学院	辽源职业技术学院
武汉职业技术学院	山东轻工职业学院	江海职业技术学院
武汉城市职业学院	三峡旅游职业技术学院	云南经济管理学院
江西青年职业学院	郑州大学	江苏航空职业技术学院
长沙航空职业技术学院	滨州学院	山东德州科技职业学院
成都航空职业技术学院	九江学院	河南工业贸易职业学院
上海民航职业技术学院	安阳学院	兰州航空工业职工大学
南京旅游职业学院	河南工学院	四川交通职业技术学院
西安交通大学	中国石油大学	烟台工程职业技术学院
三峡航空学院	厦门南洋学院	重庆第二师范学院
西安航空学院	广州市交通技师学院	南阳师范学院
北京理工大学	吉林经济管理干部学院	成都文理学院
北京城市学院	石家庄工程职业学院	郑州工商学院
烟台南山学院	陕西青年职业学院	云南旅游职业学院
青岛工学院	廊坊职业技术学院	武汉外语外事职业学院
西安航空职工大学	廊坊燕京职业技术学院	德阳川江职业学校
南通科技职业学院	秦皇岛职业技术学院	武汉外语外事职业学院
中国民航管理干部学院	广州珠江职业技术学院	湖北交通职业技术学院
郑州航空工业管理学院	广州涉外经济职业技术学院	

《民航客舱销售技巧》
编委会

主　编　郭　凤

副主编　王晓丽　于丽燕　胡宝丹　李小慧

参　编　修　楠　徐晓宇

前言

随着国民经济的发展及民航体制改革的推进,中国民航业取得了跨越性的发展。与此同时,民航企业的市场营销工作也在不断完善,民航销售岗位已成为民航企业的核心岗位之一。客舱销售具有较强的服务性、技巧性和针对性,但当前的民航市场销售类教材并未针对上述特点进行详细阐述。因此,为了满足顾客需求,提高服务质量,切实做到顾客满意并达到双赢目的,编者团队编写了《民航客舱销售技巧》一书。

"民航客舱销售技巧"是一门实践性很强的课程,需要将营销技巧、顾客消费需求、服务技巧等方面有机结合,更要切合当前航空业的实际发展和运作情况。

本教材的编写强调工学结合与应用性强的特色,突出客舱销售服务的实践化教学特色。参与本教材编写的教师都有在航空公司进行实践调研或挂职锻炼的经历,符合客舱销售实践性强的特点。

在编写本教材之前,参编教师均深入校企合作航空公司进行实践调研或挂职锻炼,详细了解了客舱销售各个环节的工作细节,将实践调研过程中获取的实践经验纳入教材,立足当前客舱销售的最新发展动态和顾客需求,全面、系统地分析有效客舱销售需要注意的问题,并对问题进行汇总、归纳、分析,提炼出切实可用的方法、技巧,并力求做到理论与实践相结合。在编写的过程中,编者邀请了有多年飞行经验的资深乘务长参与研讨。最后,将成功的销售实例和销售流程编成案例和实训内容。各章节前面均由案例导入情景学习内容,以辅助学生理解相关的知识点;学习情景后面还设计了案例分析和思考与练习,培养学生利用各情景及所学知识进行案例分析的能力和完成实训项目的实践能力,突出培养学生的实践应用能力。

本教材由郭凤担任主编,负责拟定全书的编写框架和目录、分配编写任务、统稿及审稿等工作,王晓丽、于丽燕、胡宝丹、李小慧担任副主编,修楠和徐晓宇担任参编。教材既有坚实的理论基础,又凝结了丰富的实战经验,是一本较好的应用性教材。教材编写历时三年,经过多次讨论和审稿,各位作者更是各抒己见,各种观点互相碰撞，所以这本教材是集体智慧的结晶。与此同时，本教材在编写过程中，三亚航空旅游职业学院的领导给予了高度重视和帮助，本教材的编写也得到海南航空、南方航空、首都航空、天津航空、深圳宝安国际机场、三亚凤凰国际机场等单位的大力支持，在此表示衷心的感谢！

由于编者水平和其他某些条件的限制，难免有疏漏和不足之处，敬请各位专家、同行和读者批评指正。我们也将密切关注教材使用过程中出现的新情况和新问题，并进行跟踪研究，以便再版时予以修订。

编者
2018 年 10 月

目录

第一章 客舱销售基础知识······1
第一节 销售概述······2
一、概念······2
二、特征······3
三、销售抗拒······4
四、销售流程······6
第二节 客舱销售介绍······8
一、概述······8
二、发展现状······13
三、分类······21
四、特点······26
五、问题及应对措施······31
第三节 客舱销售职业激励······33
一、薪酬激励······33
二、精神激励······37
三、制度激励······41
四、工作激励······41
五、积分激励······43
六、荣誉激励······44
七、知识链接······45
本章小结······46
思考与讨论······46

第二章 客舱销售职业能力······52
第一节 客舱销售职业素质······52
一、自信心······53
二、意志力······57
三、诚信······60

　　四、执行力 ··· 63
　第二节　客舱销售职业礼仪 ··· 64
　　一、仪容修饰 ··· 64
　　二、服饰礼仪 ··· 66
　第三节　客舱销售对象分析 ··· 69
　　一、按乘客出行的目的分类 ··· 69
　　二、按乘客的年龄分类 ·· 71
　第四节　客舱销售准备工作训练 ··· 73
　　一、客舱销售职业素质训练 ··· 73
　　二、客舱销售职业礼仪训练 ··· 74
　　三、客舱销售对象分析训练 ··· 75
　本章小结 ··· 75
　思考与讨论 ··· 75

第三章　客舱销售过程中的技巧 ··· 77

　第一节　客舱销售技巧 ··· 79
　　一、倾听技巧 ··· 79
　　二、展示技巧 ··· 82
　第二节　客舱营销沟通 ··· 87
　　一、社交风格 ··· 88
　　二、语言沟通 ··· 90
　　三、非语言沟通 ·· 93
　　四、阻碍沟通的因素 ·· 99
　第三节　客舱销售技巧训练 ··· 102
　　一、倾听技巧训练 ·· 102
　　二、销售展示技巧训练 ·· 107
　　三、营销沟通训练 ·· 111
　本章小结 ··· 116
　思考与讨论 ··· 117

第四章　顾客购买心理分析 ·· 121

　第一节　销售过程中的心理沟通 ··· 122
　　一、销售过程中对顾客购买心理的解析 ······························ 123
　　二、挖掘顾客的消费心理 ·· 132
　　三、分析顾客的消费心理差异 ·· 132
　第二节　针对顾客心理的营销分类 ······································· 133
　　一、顾客需求营销 ·· 133
　　二、针对顾客性别差异的营销 ·· 134

　　三、针对不同年龄段顾客的营销……134
　　四、针对顾客购买动机的营销……135
　　五、针对顾客购买行为的营销……137
第三节 客舱心理销售训练……141
　　一、好奇接近法营销训练……141
　　二、刺激需求训练……142
本章小结……144
思考与讨论……146

第五章 客舱销售实战……148

第一节 客舱销售准备……150
　　一、销售基本功……150
　　二、销售步骤……150
第二节 客舱销售商品介绍……156
　　一、客舱餐食销售……156
　　二、客舱饮品销售……159
　　三、客舱化妆品销售……160
　　四、客舱小百货销售……163
第三节 客舱销售情景模拟……171
　　一、客舱餐食销售情景模拟……171
　　二、客舱饮品销售情景模拟……172
　　三、客舱化妆品销售情景模拟……173
　　四、客舱飞机模型销售情景模拟……174
　　五、客舱免税品销售情景模拟……175

参考文献……177

第一章 客舱销售基础知识

学习目标

1. 了解销售的特征和不同类型的顾客抗拒;
2. 掌握客舱销售商品分类;
3. 了解客舱销售的发展现状;
4. 熟悉客舱销售类别和特点;
5. 理解客舱销售过程中的问题及应对措施。

案例导入

机舱内的社交效应

斯坦福大学商学院教授加德特的研究表明,在同一个航班上,如果我们看到邻座购买了什么东西,自己也产生购物欲望的可能性就会随之增加30%。

在飞机上,如果你旁边的乘客买了一袋零食或一部电影,你是否也会受其影响,想买点什么东西呢?

加德特研究了美国一家大型航空公司2 000次航班在2012年1~2月份的购买数据。研究对象包括约257 000名乘客,这些乘客共进行了65 525次购物,平均每个航班约33次购物。由于这些交易均通过信用卡支付,加德特可以掌握所有交易的准确信息,包括购买者的航班班次、座位编号、所购商品和购买时间。

为了衡量一位乘客的购买行为对其他乘客的影响,加德特设计了一个试验。他按照座位的类型,如靠近过道、靠近窗户或位于中间,将同类座位的乘客按照一前一后进行配对。他假设配对乘客完全类似,因为他们坐在彼此附近,座位类型相同,乘坐的是同一航班的经济舱。其中一位乘客为试验组,这意味着他或她可以观察到邻座乘客的购买行为。另外一位乘客为对照组,坐在靠前一排的同类座位,但并未观察到其他人的购买行为。

> 加德特发现，如果乘客邻座的人首先买了什么东西，他们便会倾向于购物；事实上，乘客看到邻座的人的购物行为之后购物的可能性比之前高出 30%。

第一节　销售概述

一、概念

销售是指以出售、租赁或其他任何方式向第三方提供商品或服务的行为，包括为促进该行为进行的有关辅助活动，例如，广告、促销、展览、服务等活动。销售促销如图 1-1 所示。销售是指找出商品所能提供的特殊利益，满足顾客的特殊需求；是一种帮助有需求的人们得到他们所需要商品或服务的过程。而从事销售工作的人，则从这个交换的工程中得到适度的报酬。

图 1-1　销售促销

销售工作，首先销的是自己，顾客要购买商品，必须先能接受销售商品的人。商品（或服务）与顾客之间最重要的桥梁是销售者。销售者要提升销售技巧、自身形象和气质，避免商品质量一流、服务水平一流、销售水平五流，从而导致购买商品或服务的顾客对商品的信心下降，销售者的业绩自然随之而降。

销售工作，售的是观念。观是指价值观，即对顾客来说，商品是不是重要需求。念是指信念，即顾客认为的事实。现在网上购物行为频繁，淘宝、京东销量惊人，美团、饿了么等 App 的出现，让人足不出户就可以享受美食。网络销售相对于以前的门店销售就是一种新的观念。

二、特征

1. 过程曲线性

销售者将商品或服务销售给顾客的过程是点对点的，但不是直线的点对点销售，而是曲线的。一方面，销售者需要充分挖掘顾客的需求，包括隐性的和显性的需求，并且需要根据顾客的需求和购买目的挖掘商品的隐性价值，将商品所能提供的利益介绍给顾客，满足顾客的需求；另一方面，顾客的购买目的多种多样，且在购买的过程中，容易产生对销售的抗拒，即疑问、质疑、推脱、拒绝等，销售者需要会判断顾客属于哪种类型的抗拒心理，然后想办法消除。

销售易创始人兼CEO史彦泽表示，"所谓销售，无论一线销售者还是管理者，始终都是和压力、挑战紧紧联系在一起的，可谓'销售不易'（如图1-2所示）"。销售者一般都有销售业绩或销售技巧等心理压力，销售之前销售者需要分析竞争者和市场，销售之后还需承担售后工作。因此，销售的过程是蜿蜒曲折的。

图1-2 销售不易

2. 报酬不确定性（如图1-3所示）

投入和产出比例是每个员工都会关心的问题，但销售可以是一项报酬率非常高的艰难工作，也可以是一项报酬率最低的轻松工作。销售，小可卖一针一线，大可做跨国集团。但究其本质，都是相似的。商品和服务本身可以决定销售报酬，而销售者的行动和能力同样决定其报酬。

图1-3　报酬不确定性

三、销售抗拒

销售的过程主要就是解除抗拒的过程。在销售过程中遇到的所有疑问、质疑、推脱、拒绝等问题统称为销售抗拒。销售抗拒主要有以下类型及解决方法。

1. 沉默型抗拒

这类顾客在与销售者接触的整个过程中表现得比较冷漠，与销售者交流较少。

顾客沉默常常表示其购买兴趣和意愿较低，这时候销售者所要做的事情是想办法让顾客多说话，向顾客提出一些开放式的问题。引导顾客多谈谈自己对商品及销售者服务的看法。通过交流将顾客的注意力和兴趣放在销售者身上及商品上。接下来就可以集中注意力创造和提升他的兴趣。

2. 借口型抗拒

常常有顾客一开始就抗拒，但这类抗拒往往是借口。不是顾客真的不买的原因。例如，"你这个东西太贵了，我没有兴趣""我今天没有时间，我需要再考虑考虑"。

针对借口型抗拒，首先不要理会。因为这些借口型的抗拒根本不是顾客不买商品的主要原因。接下来用忽略的方式处理，如"张先生，我想你所提到的这些问题是非常重要的，我想价钱是每个人都会考虑的因素，所以我们待会儿可以专门讨论价钱上面的问题。当我们讨论价钱问题之前，我想先花几分钟来告诉你我们的商品的优点，为什么过去有这么多的顾客会向我们购买商品，而为什么你也可能考虑向我们购买而不是向别人购买"。顺势再介绍商品、服务及其优点。

3. 批评型抗拒

有时候顾客会对商品和服务、公司甚至销售者提出一些批评，如批评商品的质量和价格。

应对批评型抗拒，销售者所需要做的第一件事情就是不要跟顾客产生争执，不要批评顾客；其次是要跟顾客站在一条战线上，理解并尊重顾客。

4. 问题型抗拒

顾客常常会提出一些问题来考验销售者，他会问很多你能想到的或者你想不到的问题。当顾客提出问题来考验销售者的时候，事实上顾客是在要求获取更多的信息。如果顾客对商品不提任何的问题，反而表示他对商品有可能根本不感兴趣，不想了解商品的有关内容。

应对问题型抗拒，首先销售者必须对销售的商品要有充分的了解和认识，然后耐心、专业地解答。

5. 表现型抗拒

有很多的顾客喜欢在销售者的面前显示他的专业知识，喜欢让你知道他非常了解你的商品，甚至比销售者还要专业，显示自己是行家。

该类型的顾客也是销售者常遇到的。处理方式是称赞顾客的专业性，即使他所讲的事情是错误的，也要适当引导。

6. 主观型抗拒

顾客对于销售者本人不太满意。销售者会感觉和顾客相处的氛围不太对劲，缺少亲和力。这种现象说明销售者与顾客之间的亲和度太低，大多销售者会过多谈论商品、公司、服务，以及其他自己所关心的事情，而将注意力放在顾客身上的时间过短。

这时候销售者应该做的事情是迅速提高与顾客之间的亲和度，赢取其好感及信赖度，少介绍、多发问、多请教，让顾客多谈一谈他的看法，从而赢得顾客的好感，顺利推进销售工作。

7. 怀疑型抗拒

顾客不相信销售者的商品，怀疑其介绍内容的真实性，不相信其商品真的会给自己带来这些利益。

这时候销售者需要做的事情是证明其商品会给顾客带来利益的真实性，证明自己讲的话是可信的。

四、销售流程

1. 准备

把商品或服务推销出去之前，销售者必须先提高自身素质，包括身体素质和职业素质；具备一定的销售技巧；熟悉商品、竞争对手、市场及顾客群等。专业、优秀的销售者是一个博学者，上知天文、下知地理。

2. 开发顾客

判断一个人是否是你的顾客，必要条件是此人对你的商品有需求，而且有购买力和购买决策权，缺一不可。此外销售者必须要知道谁是你的顾客？他们会在哪里出现？顾客什么时候会买？为什么还不买，是不了解还是不信任？谁跟你抢顾客？找出问题和答案后，还需要区别不良顾客和黄金顾客。

3. 建立信赖感

找到顾客之后，为了让顾客能够购买你的商品而不是别人的，销售者必须先建立起顾客对自己的信赖感和好感，先销售自己。进行语言沟通之前，销售者的仪容、仪表等看起来必须像行业的专家，然后通过和顾客的交谈、行为举止建立信赖感。如果有其他顾客或老顾客、名人、媒体、权威的推荐和见证，还能增强品牌口碑。此外，销售的环境和气氛也十分重要。

4. 商品介绍

这个环节不仅要求销售者对自己的商品非常熟悉，还要具备一定的沟通技巧。配合对方的需求及价值观，尽量让顾客参与，对比分析商品的优势和劣势，阐述独特卖点，找准顾客需求点（如图1-4所示）。

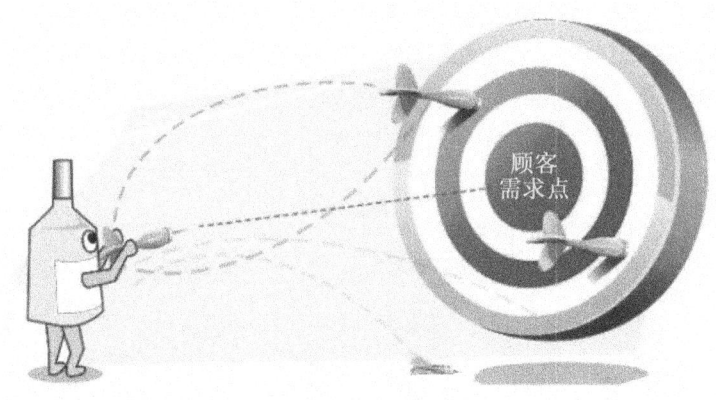

图1-4　找准顾客需求点

5．消除销售抗拒

每个顾客在购买商品过程中，产生抗拒是他在购买过程中必然发生的正常现象。因此要把顾客的抗拒当成顾客在提问，而销售者要做的就是有技巧地解除抗拒。

6．成交

即使成功通过了以上五个环节，也难保成交的时候出现意外，顾客有可能因为时间、地点、资金、发票、突发事故等因素导致销售失败。因此销售者在这一环节需要继续跟踪顾客，留意销售细节，确保销售顺利成交（如图1-5所示）。

图1-5　销售顺利成交

7. 售后

交易完成后，顾客在使用商品时发现商品的问题，或者对比发现其他人购买的商品或服务比你的更好，都会导致顾客退货或投诉。因此商品和货币交换后并不意味着销售结束，为了使顾客满意，保留顾客，培养顾客忠诚度，销售者还要做好售后服务、定期回访等工作。销售流程图如图1-6所示。

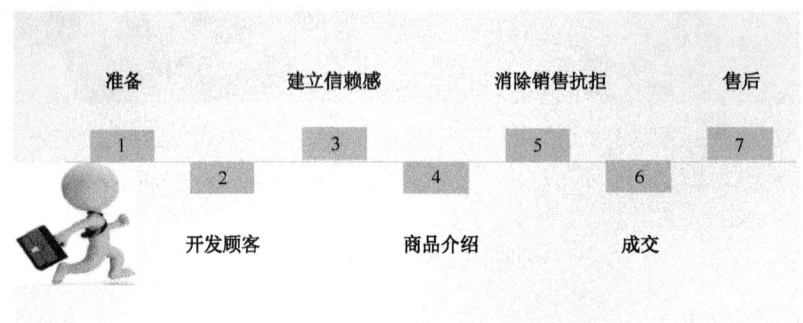

图1-6 销售流程图

这些流程如果都能够妥善处理，销售通常是成功的。如果哪个环节出了问题，销售无疑是失败的。

第二节 客舱销售介绍

一、概述

1. 客舱销售概念

客舱销售也可称为机上销售，是指航空公司通过电子设备、宣传册或乘务员在民航客舱上通过向乘客介绍等方式推销商品或服务的行为。客舱销售被视为除机票销售外的航空旅行相关的辅助收益来源。

客舱销售不仅是航空公司市场运营的需要，还能给航空公司带来附加利润，同时也是空中乘务员与乘客进行服务沟通的绝佳渠道，且能为乘客单调的旅行带来丰富多彩的空中体验。通过轻松愉悦的客舱购物活动，能让乘客更深入地体验航空公司热情周到的服务。客舱销售活跃机上气氛如图1-7所示。

2. 辅助类商品

民航销售的商品丰富多样，具有不同的层次，根据商品自身独特的内容，可划分为两个层次，分别为航线类商品和辅助类商品，其中，客舱销售商品属于辅助类商品。

图 1-7 客舱销售活跃机上气氛

辅助类商品主要着眼于商品或服务的形式层次或延伸层次，是指除客货运输销售外的其他的与乘客旅行相关的商品服务，或者与乘客的旅行相关的商品、服务。此类商品比较丰富，也是航空公司和客舱销售者在很大程度上能自行掌控和加以运用的商品。

辅助类商品的类型有不同的划分方式，其中，按照乘客或厂商的意愿可以分为三类。

（1）基于用户的意愿，提供额外的服务，用户主动付费的。比如：优先登机，优质座位或舱位预订，接送机服务（如图 1-8 所示）等。

（2）制定规则，如果违反，需强迫乘客付费的。比如：行李货物包装收费、机票舱位退改签收费等。

（3）与用户没有直接关系的，包括机上广告、常乘客里程出售等。这一类型的辅助商品，表面上与顾客没有关系，但实际上仍与顾客相关，否则就不是辅助收入了。例如，机上广告（如图 1-9 所示），受众群体是乘客，因此也是与乘客相关的辅助收入。

如果按照收费的性质类别，可以将辅助商品分为四类。

（1）基于顾客的增值服务，包括机上餐饮及商品销售（如图 1-10 所示）、行李付费、选座费、优先值机和登机、优质座位、贵宾室休息、机场接送等。

图 1-8 接送机服务

图 1-9 机上广告

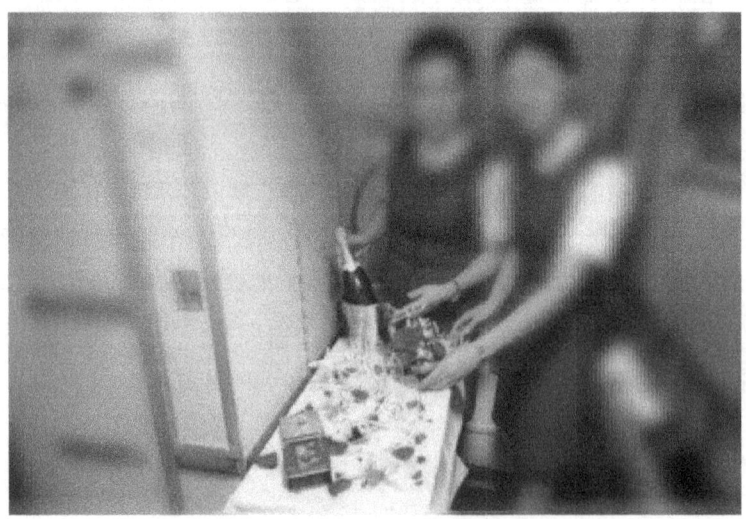

图 1-10 机上餐饮及商品销售

（2）基于佣金的商品，如保险、租车、酒店、旅游等。

（3）基于票务、里程等会员制的商品，如特价机票订阅服务、机票退改签、里程销售等。

（4）广告，包括机身广告（如图 1-11、图 1-12 所示）、机舱广告、机上杂志广告、网站广告、飞机冠名权等。

图 1-11　UC 浏览器在海南航空的机身广告

图 1-12　海航 A346 机身广告

在民航销售的商品中，航线类商品是最主要的，也是不可更改的，而辅助类商品可以以不同的形式出现，使民航商品呈现多样化和个性化的特点，体现航空公司的特色和市场定位。近年来，辅助类商品销售收入的比例也越来越高。精神航空机票收入和辅助收入示意图如图 1-13 所示。2015 年辅助收入最高的美国的精神航空，辅助收入占总营收的 43.4%，2016 年增加到 46.4%。2015 年辅助收入在总营收中占比最高的 10 家航空公司如图 1-14 所示。2016 年辅助收入在总收入中所占比例最高的 10 家航空公司见表 1-1。

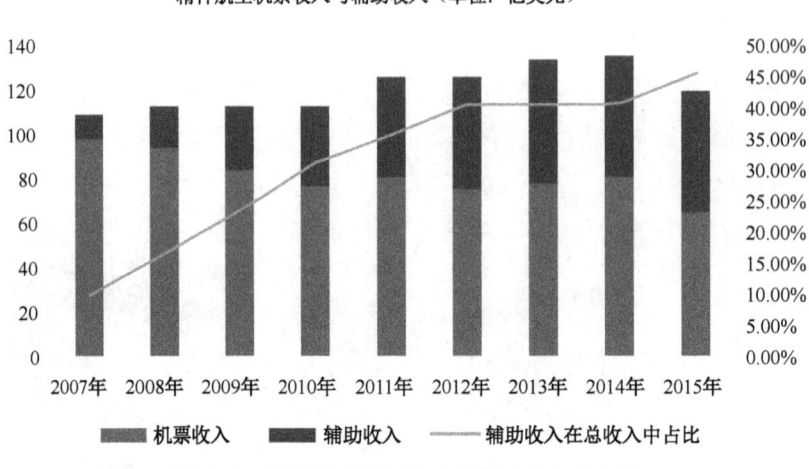

图 1-13　精神航空机票收入和辅助收入示意图

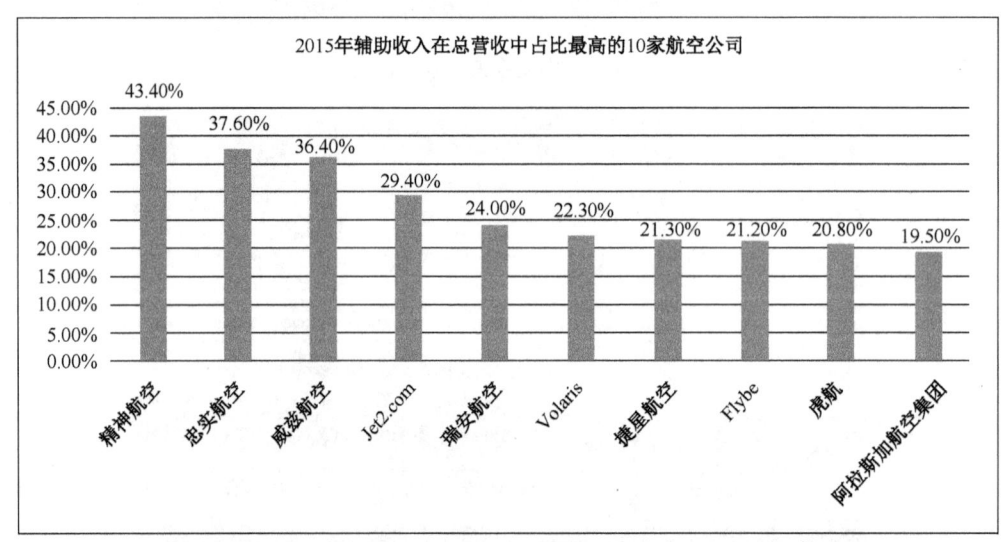

图 1-14　2015 年辅助收入在总营收中占比最高的 10 家航空公司

表 1-1　2016 年辅助收入在总收入中所占比例最高的 10 家航空公司

前 10 家航空公司——辅助收入在总收入中所占比例（%）		
（2016）		辅助收入来源
46.4%	精神航空	各种来源
42.4%	边疆航空	各种来源
40.0%	忠实航空	各种来源

续表

前 10 家航空公司——辅助收入在总收入中所占比例（%）		
（2016）		辅助收入来源
39.4%	威兹航空	各种来源
26.8%	瑞安航空	各种来源
26.0%	Jet2.com 航空	各种来源
24.3%	Volaris 航空	各种来源
24.0%	香港快运航空	各种来源
22.0%	捷星航空	各种来源
22.0%	飞马航空	各种来源

二、发展现状

随着航空业的发展转型，全球的航空公司在巩固自身的市场地位与盈利能力的同时，越来越注重为机上乘客创造更多的服务价值。不仅是低成本航空公司，其他精品航空公司也在不断扩大服务衍生范围，完善机上服务流程，并结合自己的航班特点和航班上乘客的特点设计辅助类商品。

民航客舱是一个受限环境，乘客在飞机上的活动受到飞行安全限制，因此客舱销售者能够很便利地向其推销商品或服务。由于飞行乘客收入水平和消费水平一般不低，需求比较多样，因此也增加了商品或服务的销售种类和售出率。机舱内的销售属于航空公司的"副业"，但在全球范围内，这项收入一直在大幅增长。各大航空公司都在致力发展机上购物，为乘客创造非凡的购物体验。

1. 国际航空业客舱销售的发展现状

1995—2013 年，美国航空公司辅助收入（如食品、饮料和机上娱乐等）的年均增速高达 26.5%，是同期航空公司总体利润增长率的五倍以上。在 2016 年的 Top10 的廉价和超廉价航空公司排名中，辅助收入占比最高的能够达到 39%，其中，美国西南航空排名第五，瑞安航空排名第六。其中，客舱销售等辅助收入已占到瑞安航空总收入的 17% 左右。

芬兰航空通过"Nordic Sky"门户网站向乘客提供新服务并提升辅助销售。乘客可以使用自带设备访问"Nordic Sky"门户网站（如图 1-15 所示），免费登录芬兰航空官网，获取各种服务，如目的地信息、顾客服务、免税品预订等。在"Nordic Sky"上乘客如果订购了免税品，芬兰航空会在返程航班上将商品送到乘客座位上。

LEVEL 航空的客舱销售系统主要是"Pair & Pay"系统（如图 1-16 所示），挪威航空和巴西蔚蓝航空等也通过类似做法提升客舱销售收入。

汉莎航空与法兰克福机场联手推出客舱购物服务。乘坐汉莎航空飞法兰克福远程航班的乘客，可以通过汉莎航空的机上门户网站预订法兰克福机场零售商店的免税品。在飞机抵达之后，机场人员会将乘客订购的免税品送到他们面前。

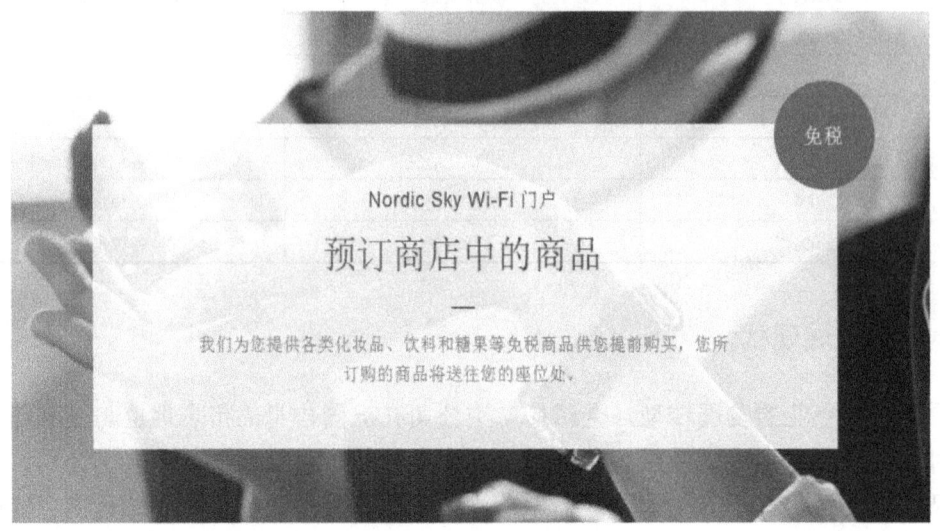

图 1-15　"Nordic Sky"门户网站

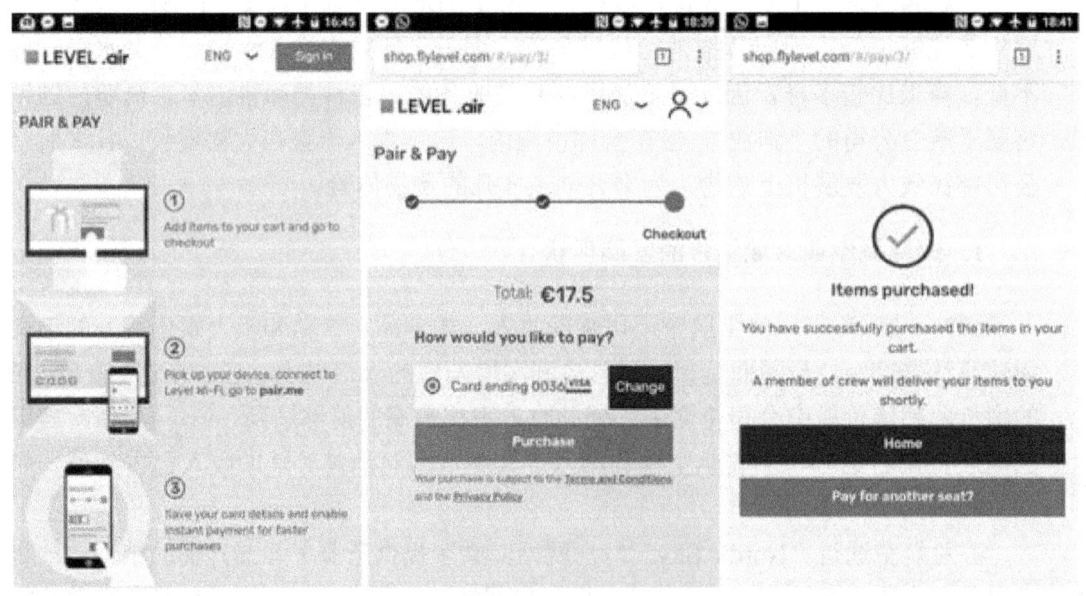

图 1-16　"Pair & Pay"系统

大韩航空牺牲其空客 A380 飞机经济舱中的 13 个座位空间，用来设立一个免税品商店（如图 1-17 所示），该区域位于通向商务舱的旋梯底部，提供化妆品、香水、酒及饰品等免税商品，并有一名乘务员专门负责为乘客提供全面的商品选购建议。

乘客可以在此看到并触摸实际的商品，然后回到座位自行进行选购。除销售免税品外，还有空中酒吧、特色的传统韩式料理订餐服务（如图 1-18 所示）。2016 年，大韩航空的客舱零售额达到了 1.68 亿美元。

图 1-17　大韩航空客舱免税品商店

图 1-18　特色的传统韩式料理订餐服务

亚洲航空 2009 年的辅助类商品收入以 89%的速度增长。该公司通过超低价的机票吸引更多乘客乘坐飞机，然后在飞机上销售任何乘客可能购买的商品或服务，如纪念品、化妆品、住宿、旅游线路、演唱会或体育赛事门票收入。除机票收入，亚洲航空可以从一个乘客身上赚到约 80 元人民币的非航业务收入，未来这笔收入能达到 140 元。亚洲航空正在涉猎物流、旅游、酒店等领域，以拓展更多的非航收入来源，目前已经和国内几十家五星级酒店合作，赚取酒店佣金也是其非航收入的一部分。

不过，在 2017 年 3 月，美联航取消了其客舱免税品销售业务（如图 1-19 所示），它由此成为美国三大航空公司中最后一家这样做的。美联航发言人对此解释，是根据不断减少的销售收入而做出这一决定的。

图 1-19　美联航取消客舱免税品销售业务

美国航空和达美航空也分别在 2015 年和 2014 年做出了类似决策。不过，这并不完全意味着客舱销售业务的终结。

根据全球免税品理事会在 2016 年 3 月公布的一份报告中的数据，航空公司客舱免税品销售额在全球免税品与旅游零售总额中所占比例，从 2006 年的 7.3%下降至 2014 年的 4.6%。m1nd-set Generation 开展的另外一项研究则预测，2025 年之前，航空公司免税品销售额将每年下降 1.5%。

取消客舱免税品销售，大约可以为航空公司节省 200 磅的重量，但这也会导致乘务员的收入减少。美联航客舱免税品销售业务取消之前披露的乘务员 2016—2021 年度劳动合同中规定，乘务员最低可以获得免税品销售收入 10%的佣金。

尽管美国三大航空公司均放弃了客舱免税品销售业务，但在像斯堪的纳维亚半岛这样零售税很高的地方，以及像亚洲这样居民购买力越来越强的国际市场上，客舱免税品业务仍然具有吸引力，而客舱销售也在拓展更多的商品和服务。

2. 国内航空业客舱销售的发展现状

海南航空在机上开展了国际航线免税品销售业务，国内航线"空中商城"销售业务。此外，特定航线离岛免税商品预订服务，现已在各条航线上正式面向乘客开放，主要和美兰机场免税店联营。

海航集团旗下的首都航空和天津航空客舱销售收入也成了辅助类收入的重要来源。首都航空不仅客舱乘务员的销售工作做得有声有色，在其官网首页还开设"飞电商城"，乘客可在飞行前或飞行中在"飞电商城"里购买商品。首都航空"飞电商城"首页如图 1-20 所示。2010 年 7 月天津航空建立客舱销售这一平台以来，承载飞行之梦，一直致力于为乘客带来高空购物的奇趣之旅。

2016 年春秋航空辅助类商品收入较 2015 年增长约 10.2%，其中，线上辅助类商品收入较 2015 年上涨约 23.3%，收入主要来自国际选座、行李托运、餐食、保险、接送机服务等。客舱销售已经成为春秋航空的特色业务，目前，春秋航空客舱销售重点是拓展跨境电商业务，通过春秋航空日本分公司联系当地第三方公司来采购乘客比较喜欢的商品，并对接国内进行报关，乘客通过网上和机上购买，可以在国内提货，2016 年客舱零售的客单价从 100 余元攀升至 800 余元。春秋航空客舱销售如图 1-21 所示。

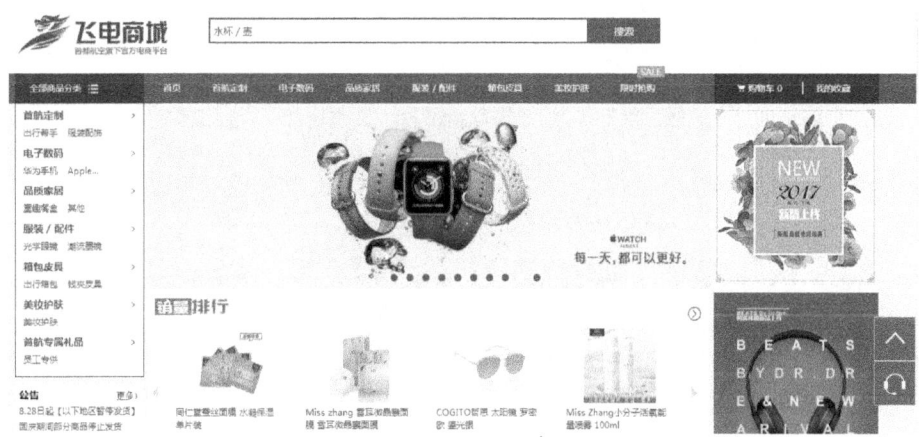

图 1-20　首都航空"飞电商城"首页

图 1-21　春秋航空客舱销售

未来，春秋航空可能发展为一个零售商，变成"空中销品茂"。在飞机的行李架和机身上，或许都会贴上色彩鲜艳的广告，甚至把座位间的通道变成新品展示的 T 台。目前，春秋航空正在与房地产商及汽车厂商积极联系，计划在空中卖房卖车。

中国国际航空公司（国航）国际航线上主要销售免税品，部分国内航线与京东合作，乘客可以通过椅背 IFE 系统在京东上选购商品，之后京东会送货到家。国航空中购如图 1-22 所示。

图 1-22　国航空中购

东方航空波音777-300飞机上的"机上商城"允许乘客通过椅背IFE屏幕,以及乘务员提供的个人电子设备或平板电脑购买餐食、付费升舱和免税品。同时,东方航空机上厨房的侧壁也会展示一部分可供乘客购买的免税品。

南方航空在国际及地区部分航班上也开通了机上免税商城(如图1-23所示),乘客通过《机上免税品购物指南》手册,了解商品信息并填写"机上订购表"交给乘务员即可购买机上免税品,此外乘务员也可通过南方航空机上免税品小卖部销售免税品(如图1-24所示)。

图1-23　南方航空机上免税商城首页

图1-24　南方航空机上免税品小卖部

3. 部分地区航空业客舱销售的发展现状

国泰航空近年来致力发展机上购物，持续改革创新，由最初只销售免税酒精、香水或香烟，发展至今日货品琳琅满目，且不断推陈出新，为乘客带来非凡的购物体验。至今，国泰航空机上销售计划所提供的货品种类超过 400 种，种类繁多，考虑乘客的不同需求。国泰机舱服务总经理于记者会上介绍新一季机上销售货品如图 1-25 所示。

图 1-25　国泰机舱服务总经理于记者会上介绍新一季机上销售货品

长荣航空为让乘客拥有更美好的空中购物体验，同样开设了机上娱乐系统进行 EVA SKY SHOP 免税品的浏览及订购服务。长荣航空购物入口网如图 1-26 所示。

图 1-26　长荣航空购物入口网

三、分类

为给乘客创造与众不同的空中购物体验，各个航空公司在不同航班不同航线上的商品种类有所不同，而机上的销售方式也多种多样，航空公司依据客舱特点及航班特点合理设置机上销售方式，增加航空公司辅助收入的同时确保乘客不产生排斥和反感。

1. 按商品划分

1）跨境商品

跨境商品是指经由海外正规渠道采购，并进行预申报备案，全程在海关、检验检疫部门的监管下，提前存储在海关特殊监管区域的商品。跨境电子商务（以下简称跨境电商）与传统电商的区别在于货物来源和监管方式。

跨境商品在顾客完成订单支付和纳税、货物清关后直接从海关特殊监管区域配送到国内顾客手中。顾客下单支付及售后服务都是以电子商务的形式完成的，称为跨境电商。

2017年6月1日，网易考拉海购与海南航空和海航集团旗下北京喜乐航科技股份有限公司合作，打造全球首个"空中跨境购物店"（如图1-27所示），首架波音787-9型互联网客机于2017年6月13日正式起航，乘客可以高空下单，部分城市最快下机就能取货，一举颠覆现有的跨境购物市场。

图1-27　网易考拉海购与海南航空空中跨境购物店

一直以来，航空公司都希望飞机成为行驶的"空中商城"，来参与规模越来越庞大的跨境消费盛宴，但是供应链的短板并不是一朝一夕可以补全的，因此目前大多数航空公司与跨境电商平台进行合作来克服此短板。

2）免税品

自从1954年汉莎航空率先销售机上免税品以来，大多数国际航班的承运者都开辟了这一项目，说明其在创收和创新服务方面有着独特的效果。

航空公司机上所有商品都是由品牌商家提供的，统一由国家监管的免税渠道作为供应商，不但拥有完善的正品保障服务，还可以享受航空公司的商品售后服务。机上免税品多以护肤品为主，还有礼品、烟酒等。大多数机上免税品会有"机上免税转售"标签，这些商品通常是地面任何地方买不到的限量版。

机上购买免税品是不计重量的，购物狂经常会出现登机时物品超重或者自己提不动的情况，合理利用"机上免税品不计重量"的政策，将一些重的商品选择在机上购买，如面膜、爽肤水等，腾出更多的空间给只有在当地才能买到的特殊商品。不少深有心得的代购和乘务员都知道，航空公司机上免税购物，解决了行李超重的烦恼；线上预订功能避免了奔波找货的劳苦。

不过，由于是空中旅行，机上免税品普遍存在数量有限的特点。虽然这些商品可能利润空间有限，但是能大大地带动整个客舱的群体购买气氛和欲望。

2. 按销售方式划分

1）电子平台

无论是宽体飞机还是窄体飞机，廉价航空公司还是精品航空公司，客舱一般都有供乘客娱乐的电子平台。国航机上门户系统如图1-28所示。厦门航空机上门户系统如图1-29所示。廉价航空公司客舱行李架上方一般都有播放视频的显示屏，精品航空公司还会在座位后面提供平板电脑，商务舱或头等舱甚至还有独立视频显示设备。这些都可以用来展示、宣传和介绍机上商品。

基于安卓系统的IFE平台、无线IFE、机上互联网等都已成为航空旅行生态体系中的又一个可利用平台。这些条件，让航空公司能够在提供机上娱乐服务外，打造一个客舱销售环境，创造新的辅助收入机会。乘客在这些电子平台上选购商品后乘务员即可将商品送到乘客手中，或者在目的地机场提取，以及在返程中送到乘客座位上。

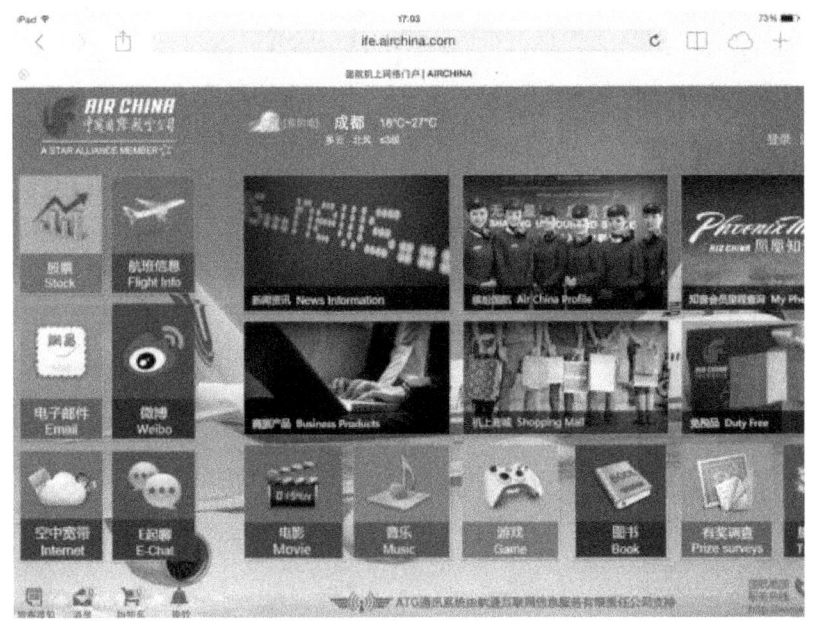

图 1-28 国航机上门户系统

图 1-29 厦门航空机上门户系统

2）客舱广播

客舱广播不仅能够提示乘客遵守机上安全操作和飞机飞行情况，还能够宣传本航空公司，以及销售商品和提供服务。由于客舱广播的传播效果较好，乘务员可利用客舱广播介绍机上商品和服务的特性、商品效果和价格等，激发乘客的好奇心和购买意愿，也有助于乘务员推车销售。厦门航空客舱广播如图 1-30 所示。

图 1-30　厦门航空客舱广播

3）乘务员推车介绍宣传

客舱销售最主要的、发挥作用较大的方式就是乘务员推车介绍宣传。乘务员通常需合理明确地分工，以便于进行默契的配合。其中，有推车销售、主持销售，以及协助营造热销氛围的，避免组织混乱，七嘴八舌的现象出现。主持销售的乘务员执行航班前，针对机上商品特性、商品效果、商品发展等，撰写 800～1 000 字内容饱满、逻辑清晰的主持词并熟练背诵，然后根据乘客的反应和提问进行应答，推车销售的乘务员进行补充说明，以及解答其他乘客问题。在介绍商品时乘务员要保持一种"可买可不买，我只是负责将好的商品介绍给你"的"高姿态"，给乘客一种高端大气的感觉，让乘客将客舱销售同电话推销、电视购物区别开，认同乘务员及商品档次。西部航空乘务员客舱销售介绍商品如图 1-31 所示。

4）机上杂志/宣传册

机上宣传册不仅能够宣传乘机安全知识、航空公司或航班信息，同时还能宣传、介绍机上商品（如图 1-32、图 1-33、图 1-34 所示）。乘客在闲暇时间可以参阅座椅背后的机上杂志和小册子，了解机上销售的主要商品，感兴趣就可以向乘务员购买。这样乘客的机上消费行为由乘务员推销的被动了解和购买变为主动参与，更能够满足乘客的消费需求。

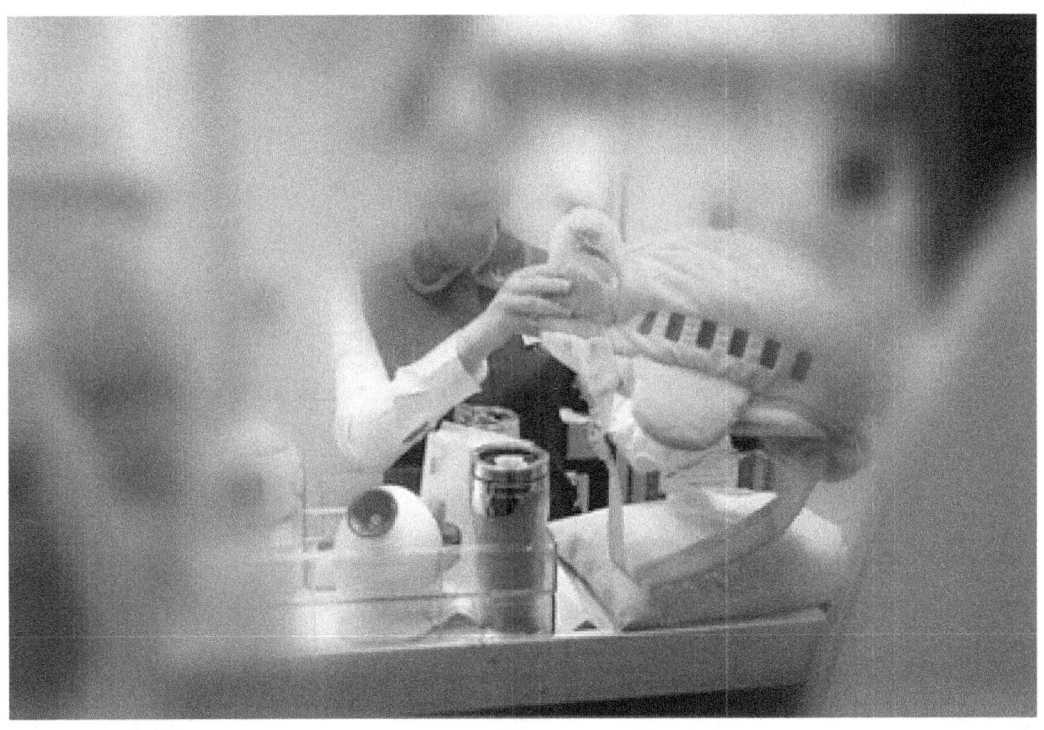

图 1-31　西部航空乘务员客舱销售介绍商品

图 1-32　港龙航空机上杂志

图 1-33　机上免税品购买指南

图 1-34　国泰航空机上购物杂志供乘客选购

四、特点

航空客舱销售在很多方面不同于地面实体店的销售，与地面实体店的销售相比，具有以下特点。

1. 衍生性

同样是销售商品，但航空客舱的基本用途、本质特性不是用来展示机上商品的，而是完成始发地机场到目的地机场的运输位移，而机上商品销售只是航空公司的辅助收益环节之一，是位移的航线商品销售衍生的辅助环节，乘客乘坐飞机的目的不是购物。因此客舱也就不能装修得跟商店一般，行李架不能像商店货架一般，广播也就不能循环反复播放商品广告，乘务员不能拉着乘客强行推销。

2. 空间局限性

航空客舱的面积和地面普通实体店相比可能小很多，但是客舱不是一个自由的场所（如图 1-35 所示）。地面商店顾客购物行为随意性较强，但飞机在上万英尺的高空中独自飞行，乘客的可活动空间只是座位、走道和洗手间，加上飞行安全的限制，绝大多数乘客的活动范围很有可能只是在座位上。目前，大多数航空公司或航班上没有 Wi-Fi 或没有提供免费 Wi-Fi，大多数乘客的娱乐乃至工作等都是受限的，因此他们有时间也有兴趣参与机上销售。

3. 顾客消费被动性

通常，走进商店的顾客的消费心理是主动的，商店售卖什么就吸引什么类型的顾客。但民航航班上的乘客的消费心理则具有很大的被动性，几乎没有乘客是因为购物而购买机票乘坐飞机的，但基于客舱空间的局限性，加上乘务员的推销，乘客受到充分的刺激，就能够激发乘客的购买欲望，被动地接受机上商品或服务消费。

4. 商品多样性

飞机机舱空间相对较小，除供乘客和机组人员就座的座位和必需物资、设备放置的空间外，机上可剩余空间微乎其微。但基于航线的特征和乘客特征，飞机上可销售的商品种类却是多样化的，有宣传性和航空公司代表性的飞机模型和机组玩偶，有航班始发地或目的地的特产、目的地旅游门票等，有针对老人的保健品、女性的保养护肤品、儿童的玩具、男士日常及商务用品，以及免税品等（如图 1-36～图 1-39 所示）。

图 1-35　飞机客舱

图 1-36　首都航空飞机模型

图 1-37　海南航空空姐玩偶

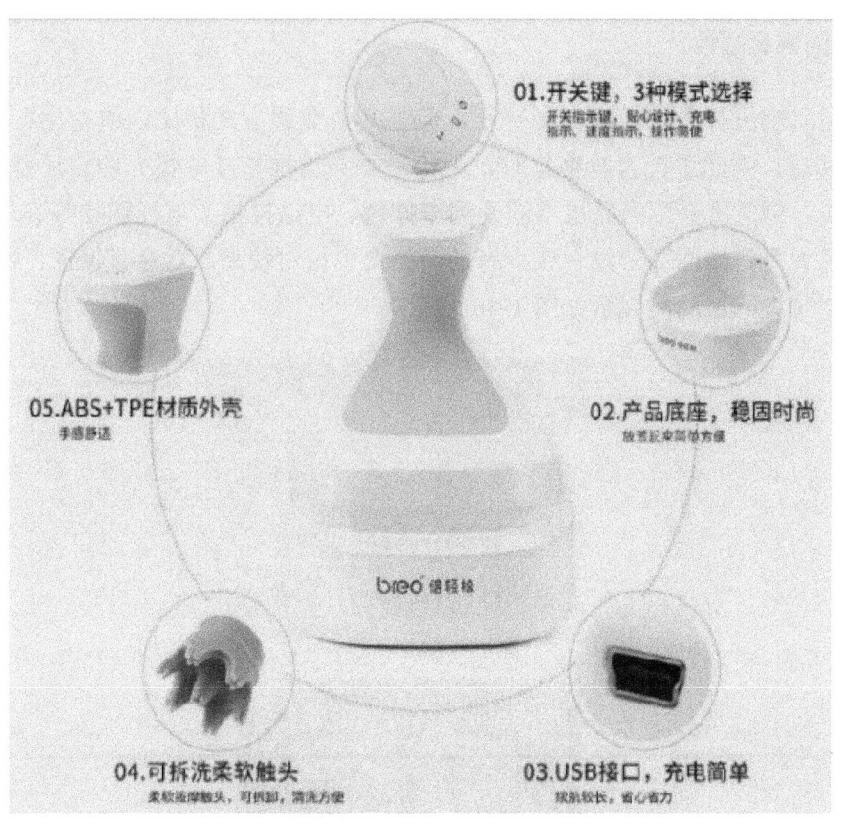

图 1-38 龙抓手头部按摩仪

视觉秀——功能按键
尖端的高科技技术赋予了它人工智能
领导时尚创意——透过电影看设计 寻找迷失的中国文化

图 1-39 视觉秀——功能按键玩具

5. 销售高端性

虽然航空出行方式已经得到普及,但与其他交通方式相比,航空出行的方式依然比较高端。因此进行客舱销售时,无论是乘务员推车或广播介绍,还是利用电子平台宣传,乘务员介绍商品也不同于列车推销、电话推销、电视购物等。与此同时,机上商品大多是地面商店没有或少有的,档次也相对较高,质量有保证,价格合理。海南航空《海购》商品展示如图1-40所示。

图1-40 海南航空《海购》商品展示

6. 销售一次性

很多顾客在商店或网上消费购物后,如果商品或服务体验比较良好,往往产生回购的想法并付诸行动,这样的顾客俗称"回头客",而大多数商家的经营目的也是获得回头客和顾客口碑,从而实现收益增加。而客舱销售基于航空运输的特殊性,乘客可能会因为航空公司的服务良好或票价合理等原因再次选择航空公司,但很难有乘客会因为某次在飞机上购买某个商品或某种服务体验良好,从而再次乘机购买

机上商品，客舱销售往往是一次性的，有乘客投诉和好的口碑，但难有回头客。

五、问题及应对措施

在航空公司竞争越来越激烈的背景下，客舱销售的现象越来越常见，各大航空公司为了增加非航业务收入，提高客舱销售额度，客舱销售规模越来越大，商品越来越多样化，同一航班上的销售时间越来越长，频率也越来越高，这也相应地增加了来自乘客的各方面的不满和投诉。

问题一：客舱安静的环境受到影响引起乘客抱怨。

大多数乘客反映：在万米高空长途旅行本想休息，但乘务员的"热情推销"却让大多数乘客无法休息。有些乘客会和乘务员抱怨甚至吵闹，导致客舱氛围十分恶劣。

应对策略：对此，很多航空公司已公布一系列措施改善客舱环境，对乘务员进行销售前培训，减少乘客的不满和投诉。如春秋集团董事长王正华主张和规定：客舱销售要确保安全，在飞机起飞、降落时严禁销售；客舱销售应动作轻、语言柔，尽可能地减少对乘客的影响；要给想购物的乘客打无声招呼，避免影响他人休息；只要乘客抱怨，乘务员将被扣分、扣奖金等；教育全体员工"心中要永远装着乘客"。

在政策之外，乘务员在客舱销售前，提前致歉很重要，如果还是有乘客反映打扰到其休息，先主动致歉，同时马上降低音量，从而争取乘客谅解。

问题二：乘务员对机上商品的宣传、介绍不到位导致乘客不满和投诉。

很多乘务员介绍商品时都有"理屈词穷"、与乘客"相顾无言"的苦恼，有些乘务员只是本着完成公司交代的任务去推销商品，或者没有掌握相应的销售技巧，并没有了解或没有完全熟悉商品的特点和功效，无法有效宣传、介绍商品，以及解决乘客疑问；有些乘务员在介绍、宣传时夸大了商品的功效、适用人群和场合，以及售后等。这些行为都会导致乘客不满和投诉。

应对策略：在进行客舱销售之前，主持的乘务员应提前编写并背诵销售主持词。执行航班前，针对机上商品特性、商品效果、商品发展等，撰写800～1 000字内容饱满、逻辑清晰的主持词并熟练背诵。如此一来，乘务员就避免了在主持销售时出现语言枯燥、逻辑混乱的情况。推车销售的乘务员也应对商品的各方面信息提前背熟，清楚地知道所销售商品的价格、性能、使用方法、适用人群、注意事项等详细情况，宣传、介绍时要准确无误，用语贴切，这样才能让乘客感觉专业、可信赖，放心让销售者推荐自己所需的商品。其实大多数乘客并不确切地知道自己想要什么，那么优秀的乘务员应善于去发现和挖掘乘客的潜在需求。

当乘客购买机上商品后，经办乘务员需要特别提醒乘客知晓并留存机上销售售后服务客服电话，并与乘客确认售后服务办理的方法，让乘客消除对商品质量问题的担忧。并且，所有机上商品，都要有专门的团队在采购环节严格把关。

问题三：大多数乘客对于推销都抱有怀疑、抵触的心理。

即使乘务员说得十分真诚，乘客也会觉得是花言巧语。不仅自己排斥，还会鼓动和劝说其他乘客拒绝购买，这样的乘客对于机上销售十分不利，很可能引起乘客与乘务员的争吵。

应对策略：对于此类乘客，换位思考很重要。乘务员应将自己当成乘客中的一员，将心比心，了解乘客易于接受的销售方式。面对好奇但谨慎、抵触的乘客，需要保持诚恳、热情的态度，注意客观评价商品，夸夸其谈、华而不实地宣传或死缠烂打、穷追不舍的推销方式，容易让乘客产生商品虚假、档次低的反感印象。

问题四：没有主持经验、销售经验的乘务员，在进行客舱销售时，往往出现怯场、语无伦次的情况。

这是个人缺乏语言表达能力及不善于销售的表现，但站在乘客的角度，乘客会觉得这是乘务员对自己所售商品的不自信，商品质量、档次和功效等一定不会太好，从而误导了乘客，阻碍了商品销售。

应对策略：每个乘务员，在拿起话筒时就要激起销售欲望并充满自信，要相信自己、相信自己将要销售的商品，将自信和专业展示给乘客，乘客接收到的便是信任和理解。每当遇到乘客的质疑或否定时，乘务员应及时调整自己的状态，坦率、直爽，以积极的心态去面对每个人。乘务员可以通过幽默的表达方式拉近其与乘客的距离，让乘客与自己产生共鸣，同时从销售者身上获得快乐和微笑（如图1-41所示）。

此外还要善于总结。经验丰富的销售者，并不是一蹴而就的，需要不断地在实践中锻炼自己的语言表达能力和逻辑思维能力，主持词是不断充实、丰富起来的，销售能力也是在一次次实践中不断提高的，在每次向他人学习、锻炼自己的过程中，应当多动脑筋、肯花心思，将每次学到的技巧、方法都做好总结，帮助自己下一次做到更好。例如，经历了很多航班延误的情况，就应该总结得出，延误情况下，乘客情绪波动大，应减少商品的宣传赘述和避免过长时间主持，而最好是通过简单的广播将信息传递给乘客。

图 1-41　客舱销售要自信和微笑

第三节　客舱销售职业激励

如何调动人们的工作积极性这一问题一直是管理学研究的重点问题之一。民航客舱销售给航空公司带来的辅助收益越来越高,各航空公司对于客舱销售业务也越来越重视,许多航空公司都采取了各有特色的激励措施来激励乘务员,但大多数乘务员由于提成低等各方面原因积极性不高。如何有效地激励乘务员,提高他们的销售积极性和业绩是大多数航空公司迫在眉睫的问题。

激励的方式多种多样,常见的有以下几种。

一、薪酬激励

1. 定义

薪酬是指劳动者依靠劳动所获得的所有劳动报酬的总和,是企业对员工提供劳务和所做贡献的回报,可界定为直接薪酬和间接薪酬两种形式。直接薪酬包括工资、奖金。间接报酬包括福利、红利、股权。随着人力资源管理理论的发展,人们对"薪酬"的认识逐渐发生了变化。薪酬不仅仅是对员工付出的回报,还成为激励手段。有效的薪酬激励可以吸引优秀人才进入组织,可以使核心员工留在组织,可以使员工高效工作。

在客舱销售中，大多数航空公司直接给予客舱销售者一定比例的提成，例如，海航集团旗下某航空公司部分航线客舱销售薪酬奖励模式如下。

（1）除被指定承担销售任务的责任人外，其他乘务员也都可以参与销售并获得提成。同时需乘务长进行调配和指定，如果参与销售则为销售责任人。客舱销售开展方式不限。

（2）提成金额分为三部分：70%、15%、15%。销售责任人提成为70%，乘务长提成为15%，其他组员提成为15%。

这样可以极大地调动全体客舱乘务员的销售积极性。

2．相关理论

20世纪初期，伴随着弗雷德里克·泰勒（F.W.Taylor）的科学管理理论的出现与发展，对如何调动人们的工作积极性这个问题的研究也得到了极大的发展。从单一的金钱激励到满足多种需求。最初源于亚当·斯密的思想——人被看作自私的，天生懒惰，激励只能靠金钱刺激和经济惩罚，这种被麦格雷戈（D.Mcgregor）称为传统的"X理论"的激励思想，在泰勒推行的"胡萝卜加大棒"式的管理中得到充分体现。但仅仅把人看成"经济人"而无视人的社会性，会给激励效果带来局限。

1）马斯洛（Maslow）需求层次理论

1924—1932年，梅奥通过著名的"霍桑实验"提出了"人际关系理论"。人际关系理论使我们看到人的社会性、复杂性，也使管理学界从此开始了关于"人性"的研究。于是，1943年出现了马斯洛的"需求层次理论"。

马斯洛的需求层次理论是最著名、最经典的激励基础理论。该理论有两个基本观点。一是人的行为由需求推动，一旦需求满足即失去"动力"，只有需求还未满足时才有激励作用。二是人的需求可分为五个层次，它们依次为：生理需求、安全需求、社交需求、尊重需求和自我实现需求。需求层次理论如图1-42所示。只有低一层次的需求得到满足时，才会产生高一层次的需求。马斯洛的需求层次理论问世后，人就被看成具有多种需求并不断追求自我实现的主体，组织应该创造条件发挥人的潜力，使人体验成功的满足，于是在西方管理界确立了"需求—目标—动

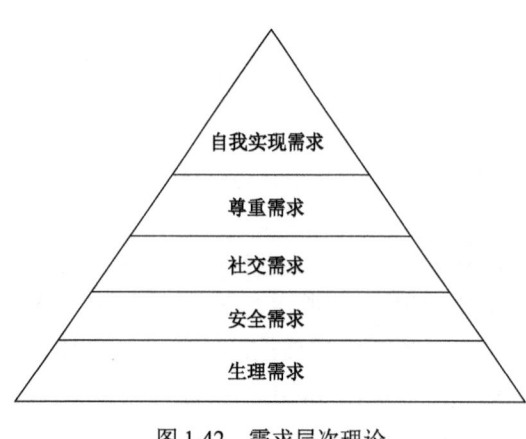

图1-42　需求层次理论

机—行为—绩效—奖励—满足—积极性"这样一种激励模式。

需求层次理论告诉我们，薪酬在满足员工低层次需求的同时，有助于员工追求高层次需求，具有良好的激励效果。基本工资必须设定在足够高的水平，为满足员工的基本生活需求提供经济支持。过高的风险工资会阻碍员工满足自己低层次需求，因此激励作用有限。同时，也应注意薪酬对于员工高层次需求满足的意义。

2）ERG 理论

奥尔德弗（Alderfer）重组了马斯洛的需求层次理论，并进行了实证研究提出了ERG 理论。他认为，人有三种核心需求：生存需求（E）、关联需求（R）和成长需求（G）。

生存需求是指生理方面的需求，类似于需求层次理论中的第一、二层次；关联需求是指进行人际沟通和社会交往方面的需求，类似于需求层次理论中的第三、四层次；成长需求是指个人在自我发展方面内在、本能的一种欲望，类似于需求层次理论中的最高层次。但是，与需求层次理论相比，ERG 理论的观点更接近现实。

ERG 理论认为：第一，需求更应该被视为一个连续的整体而非严格的等级层次，三个层次之间的界限并不十分清晰，三种需求可以同时并存，共同发挥激励作用，从而改进了马斯洛的需求逐级递升的观点；第二，对于每个层次的需求，满足越少，则越希望得到满足，也可以解释，如果高层次需求不能得到满足，那么满足低层次需求的愿望会更强烈；第三，如果较高层次的需求不能得到满足，人们就会加强对较低层次需求的欲望。由于个人偏好不同，具体的需求层次结构也会呈现多样性的特征。需求层次结构也会随所处的社会环境和人生状态变化而变化。

ERG 理论为我们了解人的动力结构的复杂性提供了理论指导。在管理活动中，不但要根据员工所处的需求层次设置相应的激励措施，而且要注意人的各种需求的并存性，在满足重点需求的同时，最大限度地满足销售者的其他层次需求，方能取得最好的激励效果。同时，对那些在接受挑战性和风险性的工作中受到挫折的销售者，适当地满足他们较低层次的一些需求，有助于平衡心理，从而更能激发工作热情。

3）双因素理论

双因素理论对于薪酬激励同样具有指导意义。双因素理论是赫茨伯格于1959年在对企业调研的基础上首先提出的。双因素是指激励因素和保健因素，当这些因素恶化到可以接受水平以下时，就会产生"不满意"。激励因素与工作本身相关，保健因素与工作条件和工作关系相关。缺乏保健因素将阻碍员工表现组织期望的行为，但具备保健因素也不能保证员工会表现这种行为。激励因素才是激励员工的主要手段。赫茨伯格的双因素理论与马斯洛的需求层次理论有兼容之处，保健因素和激励因素都可以在马斯洛提出的五种需求中找到对应。

双因素理论的重要实践指导意义主要表现在以下几个方面：（1）该理论开创性地将激励因素和保健因素区分开，使人们能够清楚地认识到哪些因素才具有激励效果；（2）该理论使人们注意到工作本身也是一种激励因素，要提高员工的积极性，量才录用也是重要的方法之一；（3）该理论告诉我们，满足员工各种需求所引起的激励程度是不一样的。例如，物质需求的满足是必要的，没有它会引起员工的不满，但是物质激励的作用往往是短暂的，不能持久。因此，除物质激励外，更要注意精神激励。

双因素理论使人们明白并不是所有因素都具有激励作用，只有激励因素才能达到激励效果，而保健因素则不具有激励效果。员工的基本工资和福利属于保健因素，应当相对稳定，保障员工基本生活，原则上只升不降。否则会导致员工不满，影响其工作积极性。员工绩效工资属于激励因素，必须在考核的基础上保持其在总薪酬中占据一定比例，才能激发员工工作动力，提高工作绩效。民航企业在外行人看来是比较光鲜亮丽的，但员工的工作压力却不被外人所知，因此，民航销售者在业绩等压力下，对保健因素和激励因素的要求都比较高。

4）期望理论

期望理论（Expectancy Theory）是行为科学家弗鲁姆（Vroom）于1964年在其著作《工作与激励》中首先提出来的。其理论可以用公式表示：激发力量=期望×效价。其基本观点：一个人把目标的价值看得越大，估计其能实现的概率越高，激励作用就越强。期望理论说明，激励效果取决于薪酬和潜在绩效之间的关系。绩效奖励的水平越高，激励效果越好。组织应当明确工作任务与职责，并且将薪酬与绩效联系。与此同时，员工对自身能力的评价也很重要。组织应该有意识地提供相应的培训和资源，使员工相信自己可以达到绩效标准。

弗鲁姆的期望理论辩证地提出了在进行激励时要处理好三种关系，这些关系也是调动人们工作积极性的三个条件。第一，努力与绩效的关系。人们总是希望通过一定的努力达到预期的目标，如果个人主观认为达到目标的概率很高，就会有信心，并激发出很强的工作力量，反之，如果他认为目标太高，通过努力也不会有好绩效时，就会失去内在动力，消极对待工作。第二，绩效与奖励的关系。人总是希望取得成绩后能得到奖励，当然这种奖励也是综合的，既包括物质上的，又包括精神上的。如果他认为取得绩效后能得到合理的奖励，就能产生工作热情，否则就可能没有积极性。第三，奖励与满足个人需求的关系。人总是希望自己所获得的奖励能满足自己某方面的需求。然而由于人们在年龄、性别、社会地位和经济条件等方面都存在差异，他们对各种需求，以及对需求满足程度的要求就不同。因此，对于不同的人，采用同一种奖励办法能满足的需求程度不同，能激发的工作动力也就不同。激励过程中要处理好的三种关系如图1-43所示。

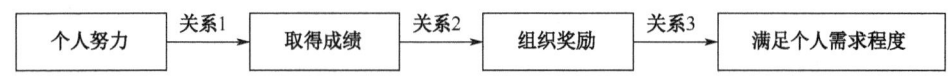

图1-43 激励过程中要处理好的三种关系

基于期望理论,企业向销售者提供的奖励必须是有吸引力的、可达到的,不要采用一般的激励措施。应该注意,不同员工的效价范围和权重取值不同,企业应尽可能采用大多数员工认为效价最大的奖励。在设置某一激励目标时,应尽可能加大其效价的综合值,适当加大不同人实际所得效价的差值,加大组织期望行为与非期望行为之间的效价差值。在激励过程中,还要适当控制期望概率和实际概率,加强员工期望心理的疏导。适当调整期望概率与实际概率的差距,以及达成目标的难易程度。拉开企业期望与非期望行为间的差异,也有助于增强激励效果。

5)公平理论

公平理论又称社会比较理论,它是美国行为科学家亚当斯(J. S. Adams)在《工人关于工资不公平的内心冲突同其生产率的关系》《工资不公平对工作质量的影响》《社会交换中的不公平》等著作中提出来的一种激励理论。该理论侧重于研究工资报酬分配的合理性、公平性及其对职工生产积极性的影响。公平理论认为:员工积极性不仅受绝对报酬的影响,更重要的是受相对报酬的影响。当一个人做出成绩并取得报酬以后,他会首先思考自己所得与付出的比率,然后还会将这种比率与相关他人的比率进行比较,如果此值相等,人就会感到公平,因而心情舒畅,积极性高;反之,就会出现不公平感,并通过消极行为去纠正不公平。

除横向比较外,人们也经常做纵向比较,即把自己目前投入的努力与目前所获得报酬的比值,同自己过去投入的努力与过去所获报酬的比值进行比较。只有相等时他才会认为公平。同样的销售指标和任务,即使销售者完成的过程和效率存在差异,但报酬一旦产生差异,报酬少的销售者就会感到不公平。亚当斯的理论简单明了,容易理解。公平也确实是一个不容忽视的问题。所以企业在激励过程中应注意对销售者公平心理的引导,使其树立正确的公平观,要认识到绝对的公平是不存在的,不要盲目攀比。为了避免职工产生不公平的感觉,企业可以采取多种手段,在企业中造成一种公平、合理的气氛,使职工产生一种主观上的公平感。

二、精神激励

乘务员的工资相对较高,而销售提成一般不高,因此,单一地运用物质手段来激励乘务员并不能达到最佳效果,根据马斯洛需求层次理论和ERG理论,还需要相应的精神激励措施作为补充,形成全方位、多形式和多手段的综合激励机制,才能达到最好的激励效果。

1. 定义

精神激励,即内在激励,是指精神方面的无形激励,包括向员工授权、对他们的工作绩效的认可,公平、公开的晋升制度,提供学习、发展和进一步提升自己的机会,实行灵活多样的弹性工作时间制度,以及制定适合个人特点的职业生涯发展道路等。

精神激励是一项深入细致、复杂多变、应用广泛、影响深远的激励方式,它是管理者用思想教育的手段倡导企业精神,调动员工积极性、主动性和创造性的有效方式。

2. 精神激励方法

1)情感激励法

情感是影响人们行为的最直接的因素之一,任何人都有渴望各种情感的需求。这就要求领导要多关心群众生活,关心群众的精神生活和心理健康,提高员工的情绪控制能力和心理调节能力,努力营造一种相互信任、相互关心、相互体谅、相互支持、互敬互爱、团结融洽的氛围。

情感激励的方式多种多样,可以是给过生日的乘务员寄张贺卡或是召开生日聚会;也可以召开乘务员联欢会(如图 1-44 所示),以此增进乘务员之间、乘务员与领导之间的感情。在召开联欢会时最好能邀请到乘务员的家属,以便增进家属与企业之间的感情,争取家属对销售者工作的理解和支持;节假日的慰问也是一种好的情感激励方式,例如,"三八"妇女节当天,在武汉飞往呼和浩特的航班上,国航湖北分公司别出心裁——女乘务员休息,男乘务员全上阵!(如图 1-45 所示);此外,还可以组织各种体育比赛、旅游活动等,这些都是增进情感的好方法。

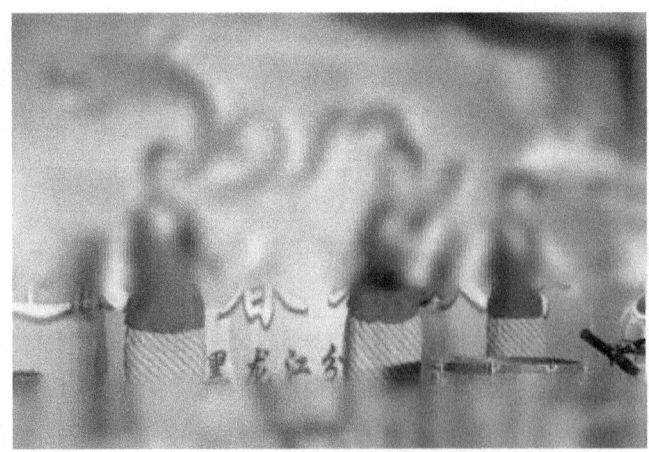

图 1-44 南方航空黑龙江分公司客舱部举办迎春联欢会

图 1-45　国航"三八"妇女节：女乘务员休息，男乘务员全上阵

2）领导行为激励法

有关研究表明，一个人在报酬引诱及社会压力下工作，其能力仅能发挥 60%，其余的 40% 有赖于领导者去激发。美国管理者麦科马克在其书《营销诀窍》中讲了这样一件事，他的一位朋友，在担任通用汽车公司雪弗莱车工厂的总经理期间，有一次他去达拉斯出席一个业务会议。当他抵达旅馆之后，便发现公司的人已经送了一篮水果到他房间，他看后幽默地说："咦！怎么没有香蕉呢？"从此以后，整个通用汽车公司都流传着"狄罗伦喜欢香蕉"的说法，尽管他向人解释那只不过是随便说的，但他的汽车里、旅馆里，甚至会议桌上，总是摆着香蕉。可见，企业领导者的行为会产生多么大的作用！由于企业领导者处于员工有目共睹的特殊地位，其一言一行自然就成为众人关注的焦点，因而在一个企业里，没有什么比企业最高层领导亲自过问某事或采取某项行为更能说明此事的重要性。

3）榜样典型激励法

人们常说，榜样的力量是无穷的。绝大多数员工都是力求上进而不甘落后的。好领导对部属的最佳激励是以身作则，或者在员工中选出优秀的员工榜样。有了榜样，员工就会有努力的方向和赶超的目标，从榜样成功的事业中得到激励。如海南航空乘务员熊塱靖、翟天宇以扎实的商品知识，流畅自然的出色表现获得评委的一致好评，荣获 2016 年"世界最佳空中销售者奖""最佳形象奖"，公司以此为榜样激励其他乘务员积极向上，为公司、为自己获取更多荣誉。

4）奖励惩罚激励法

奖励是对员工某种良好行为的肯定与表扬，以使员工获得物质上和心理上的满足。惩罚是对员工某种不良行为的否定和批评，以使员工从失败和错误中吸取教训，以克服不良行为。奖励和惩罚得当，有利于激发员工的积极性和创造性，所以有人把批评或惩罚看作一种负强化的激励。

5）荣誉激励法

通过给予表现优秀的员工奖状、口头夸赞、表扬等，使员工获得心理上的满足，如"季度/月度销售冠军""销售明星""年度先进工作者""优秀员工"等。这些证书、奖章或荣誉称号对销售者来说就是一种荣誉。

在经济学上，乘务员追求良好的声誉是为了获得长期的最大化利益。我们可以借鉴法玛（Fama）对经济人声誉激励的思想的解释来说明这个问题。在充满竞争的人才市场上，乘务员的现期市场价值决定于其过去的业绩。因此，乘务员为了获得长期最大化利益，就必须对自己的现期行为完全负责，努力工作，以便改进自己在竞争市场上的声誉，从而提高讨价还价的能力，增加自己的未来收入。

6）培训机会激励法

追求进步、追求发展是人之本性，乘务员也不例外。在当今知识型社会里，知识就是金钱，是永远的财富。大多数乘务员是本、专科学历，给予表现良好的乘务员技能培训或进修的机会，可以使其获得更多的知识和技能、更高的文凭，提高自己的综合素质，增强自己的工作能力，使自己逐步增值。因此，对乘务员来说，培训是一种投资，也是一种福利，会让他们终身受益。如果公司能给乘务员提供适当的培训，既可以显示对他们的重视，又可以培养他们的忠诚感和归属感。

但是，目前大多数企业对乘务员的培训效果并不是很好，还有很多问题需要解决。要做好乘务员培训工作，首先要建立完备的培训激励制度，然后健全培训的内容，不仅要包括销售的一般性内容，还需求增加职业道德、销售潜力预测、竞争优势分析、信息管理、战略规划等方面知识的培训；其次是丰富培训方式和手段，以及完善考核机制。如此才能够激发销售者对于培训机会的渴望和学习态度，从而增强培训效果。

7）目标激励法

如果下属的工作表现优异，主管可以在工作中给予下属更大的目标，让下属有挑战感，也保持工作中的新鲜感，使其有更大的激情和动力投入工作，也能够获得更大满足和成就感。这也是一种不花钱且培养人的良好的激励方式。

马斯洛认为人的需求分为生理需求、安全需求、社交需求、尊重需求和自我实现需求这五个层次，其中，后三个较高层次的需求主要是通过精神激励来实现的。根据赫茨伯格的双因素理论，物质是一种外在的奖酬，它对人的激励是有限的，而工作本身的挑战性、成就感、晋升等精神方面的因素能在更高层次上、更长久地调动销售者的积极性。麦克利兰提出的权利需求、亲和需求、成就需求，以及奥尔德弗提出的交往需求和成长需求无疑都属于精神激励的范畴。由此可见，对乘务员来说，仅有物质激励是不够的，还要重视精神激励。尤其是对那些学历较高、有着远大抱负的销售骨干，精神激励的作用更加突出。

三、制度激励

制度激励是一种内生动力机制，通过规则、制度和文化实现对组织成员的方向引导、动机激发与行为强化，持续调动人的主动性、积极性和创造性。它强调以人为本的制度设计，突出其法规权威和激励功能，一方面高度重视制度自身的基础、吐故纳新、自我完善和新陈代谢，另一方面从根本上持续激发员工开展创新活动的内生动力，实现制度功能的边际效应最大化。

制度激励的核心理念是依法治理，强调维护制度的权威地位，通过设计制度和建立文化打开员工的梦想空间，为员工提供追求梦想的保障。

四、工作激励

工作激励是指通过分配恰当的工作，满足职工自我实现和尊重的需求，从而激发职工的内在的工作热情的方法。工作激励是团队管理能力的重要体现。

1. 工作激励的内容

1）分配工作要尽量考虑员工的特长和爱好，使人尽其才

每个人都有自己的特长和爱好，都希望在组织中最大限度地发挥自己的聪明才智，而组织任务也往往需要具有不同专业特长、不同能力的人来承担。领导者应根据工作的要求和职工个人的特长，把工作与人的能力有机地结合起来，这不仅能使组织的任务很好地完成，同时还满足了职工自我实现的需求，从而极大地激发职工的工作积极性。

日本松下电器公司的创始人，世界著名企业家松下幸之助曾说过："从长远来看，一个企业应兼有各种性格特长的人才好。"他把管理者分为三种类型：较有头脑、善于处理问题的"文人型"；性格豪放、做事光明磊落、富有进取精神的"武士型"；工作敢打敢拼、脚踏实地的"运动员型"，他认为在企业人才总体录用上，以上三种类型的人应各占三分之一。

因此，对于乘务员是否都应该安排销售工作，还需要分析员工的特长、性格和爱好是否符合销售工作的要求，而适合从事销售工作的乘务员则要充分发挥其才能和积极性。

2）要使工作具有挑战性，充分发挥职工的潜能

关于人性理论研究的Y理论认为人是愿意承担工作的，并愿意迎接工作的挑战。

每经过一次挑战，人们就会获得一次提高，获得一次满足。因此，领导者在分配工作时，要使工作的要求和目标富有一定的挑战性，这样能够激发职工奋发向上的精神。但怎样才能使工作的分配具有挑战性呢？我们认为应使工作要求略高于职工的实际能力，或者说使职工的实际能力略低于工作的要求。

职工的工作能力不能远低于或远高于工作的要求。如果职工的工作能力远低于工作的要求，一方面，会造成工作任务无法完成，给组织带来损失；另一方面，职工由于工作能力差，不论其怎样努力都无法完成工作任务，他就会对自己失去信心，就会灰心丧气，不愿做新的尝试，甚至会一蹶不振。如果职工的工作能力远高于工作的要求，虽然工作任务能保证完成，但职工会感到自己的潜能没有得到发挥，随着时间的推移，他可能对工作越来越不感兴趣，对组织越来越不满意，最终也会影响工作质量和工作积极性。

3）要让职工参与管理，树立职工的主人意识

领导者要让职工在不同程度上参与组织决策及各级管理工作的研究和讨论。领导者要把职工摆在主人的地位上，尊重他们，信任他们，让职工在不同层次和不同深度上参与决策，虚心采纳他们的正确意见和建议。通过参与管理，能够进一步满足职工的尊重和自我实现的需求，形成职工对企业的归属感和认同感，从而激发出强烈的工作积极性。例如，在机上销售时，乘客和乘务员针对某件商品讨价还价，乘务员有权力决定该商品的折扣力度或售价；在销售大会上，乘务员可以提出销售奖励、提成比例等。

在我国，职工参与班组民主管理，职工通过职工代表大会、企业管理委员会中的代表参与企业重大决策，这些是我国职工参与企业决策和企业管理的主要渠道。在国外，企业则普遍采用"奖励职工合理化建议"制度。

2. 工作激励的方式

工作激励同人力资源管理中其他领域一样，也有方式、方法。除传统的物质激励和精神激励外，此处重点介绍情感激励、公平激励、期望激励、民主激励四种。

1）情感激励

情感是人们对客观事物的态度的一种反应，它具有两极性，即积极的情感可以提高人的活动能力，消极的情感可以削弱人的活动能力。在工作中，具备积极情感的人通常有积极的心态和进取心，有较高的工作效率；而具有消极情感的人通常工作效率较低。因此，企业应使员工尽可能保持积极情感。企业同样也可以运用情感激励的方式来培养员工的积极情感，消除、抑制消极情感，如对于销售业绩较低的乘务员不应严厉批评和打击，更多的是给予鼓励和安慰。

在进行情感激励时，管理者可以通过交谈等语言激励方式与乘务员沟通，了解

乘务员的想法、状况，从而对症下药，改善关系。也可以通过非语言形式，如动作、手势、姿态等激励员工。无论采取何种方式，管理者本人要具备良好的积极情感，还要使自己处于一种情感移入状态，与乘务员达成情感共融。

2）公平激励

公平感是每个员工都具有的，当他们在分配上产生公平感时，会心态平和、努力工作，而产生不公平感时则会有思想包袱、满腹怨气，影响工作效率。公平激励就是根据公平的心理规律，在管理中采取各种措施，力争做到公平，必须坚持客观、公正、民主和科学，使乘务员产生公平感，从而调动工作积极性。

3）期望激励

期望激励是指利用乘务员对所追求目标或结果的期望心理来调动其积极性的方法。据伯特管理咨询公司所做的一些调查显示，如果被管理者认识到某项目标的效价很高，而且通过自己的努力也能实现目标，那么管理者应用这一目标来激励被管理者十分有效。在人力资源管理中，正确的目标十分重要。

4）民主激励

每项制度或工作，参与设计或充分理解的人越多，成功实施的机会就越大。所以让每位乘务员产生参与感，感到受重视、被信任，进而使他们产生责任心和参与感，集体的向心凝聚力也得到增强。

航空公司灵活采取上述四种不同的激励手段，更有助于高效地进行人力资源管理工作。

五、积分激励

1. 定义

企业为了挽留员工，提升员工的忠诚度，而设计实施了一整套涵盖激励原则、激励规则、激励流程、效果评估等在内的计划体系，根据员工的工作表现，给予积分奖励，员工领取并累积积分，进行兑换，公司以此激励员工完成公司的业绩目标，从而提升员工的工作积极性，并在过程中实现企业和员工的共同价值。

海南航空集团旗下某航空公司部分航线机上销售积分奖励模式如下：

（1）如果销售金额达到加分最低标准 1 500 元，则仅乘务长、销售责任人加 1 分，其他未参与销售者不加分；

（2）销售金额达 3 000 元，则全体组员加 3 分；

（3）零销售将分别扣除乘务长及销售责任人 1 分，如遇非人为情况（航班延误超过 2 小时、航程持续颠簸等），乘务长需在乘务日志中报备，并在销售单上写明延误原因、延误时间作为备案，酌情不进行扣分。

2. 积分激励的设计步骤

1）确定积分项目

确定积分项目即明确哪些行为或者结果可以获得员工积分。可选择的积分项目包括：月度、年度或季度绩效考核积分，行为态度积分，能力提升积分，司龄积分，出勤积分，特殊贡献积分，荣誉获奖积分，证书专利积分等。积分项目形式的选择具有较强的灵活性，可根据企业的阶段性需求的特点来设计。

2）确定积分项目分配

积分项目分配要依据各个项目的难度，以及对企业相对价值的大小来确定。例如，月度（年度）绩效考核积分可依据乘务员月度（年度）绩效考核结果的不同奖励不同额度；司龄积分可依据员工在公司不间断工作的年限奖励不同积分额度。

3）确定积分激励的形式

乘务员的积分逐年积累到一定程度时，可兑现奖励。主要的奖励项目可包括荣誉称号、晋升机会、加薪机会、弹性福利等，如星级乘务员津贴是依据积分总额将员工评为不同星级，并享受相应的星级津贴和其他荣誉。星级乘务称号是公司授予乘务员的光荣称号，意味着公司对乘务员业绩的认可和奖励；而乘务员小额优惠积分账户中的积分可用于兑换相应的小额优惠。

4）确定配套的管理机制

确定配套的管理机制包括如何累积积分、如何消费积分、乘务积分账户的管理，以及乘务岗位的晋升、职业发展规则等。

5）对积分规则进行预算

基于企业的现有预算管理机制，对积分激励的额度同步开展预算，对积分项目分配阶段的项目分数予以调整和修正。和企业所有的管理体系一样，体系的运营需要考虑成本。

六、荣誉激励

荣誉激励是一种终极的激励手段，它主要是把工作成绩与晋级、提升、选模范、评先进联系起来，以一定的形式或名义表示，主要方法是表扬、奖励、经验介绍等。荣誉可以成为不断鞭策荣誉获得者保持和发扬成绩的力量，还可以对其他人产生感召力，激发比、学、赶、超的动力，从而产生较好的激励效果。

美国 IBM 公司有一个"百分之百俱乐部"，当公司员工完成他的年度任务，他就被批准为该俱乐部会员，他和他的家人被邀请参加隆重的聚会。结果，公司的雇员都将获得"百分之百俱乐部"会员资格作为第一目标，以获取那份荣耀。

七、知识链接

1. 目标设置理论

20世纪60年代末期，埃德温·洛克研究了工作目标对激励的作用，得出的结论：指向目标的工作意向是工作激励的主要源泉。并在此基础上提出了目标设置理论。该理论的前提是每个人都忠于目标，不轻言放弃或降低目标水平。目标设置理论认为：（1）明确的、具体的目标本身就是一种内部激励因素，能有效提高员工的工作绩效；（2）目标的设置不仅仅是管理层的事，应当让员工积极参与，因为员工亲自参与制定的目标，能有效提高员工对目标的接受性，有利于目标的顺利实现；（3）如果目标的可接受性和员工的能力等因素保持不变，则目标越困难，绩效水平就越高。

目标设置理论具有很强的现实意义。在实践工作中，管理者应当重视目标的激励作用，不断提出新的、具有挑战性的目标以激励员工。组织目标的设置应当鼓励员工积极参与，使组织目标与员工的个人目标相结合，以便达到最佳的激励效果。

2. 波特-劳勒综合激励模型

该模型是美国著名的行为学家波特和劳勒在1968年的《管理态度和成绩》一书中提出来的。该模型试图克服各种激励理论的片面性，对复杂的激励问题提供一个统一的研究框架。波特-劳勒综合激励模型可用图1-46来表示。

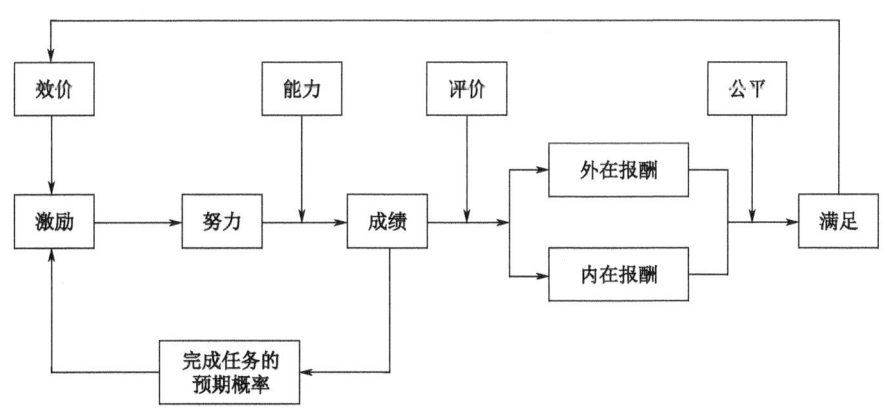

图1-46　波特-劳勒综合激励模型

该模型认为：（1）一个人的努力程度取决于报酬的价值大小，以及得到报酬的主观预期概率；（2）工作业绩的获得主要取决于能力的大小、努力程度，以及对所需要完成任务的理解深度；（3）获得多少报酬必须以工作业绩为前提，如果报酬与业绩的关联性很低，那么奖励就不能成为提高绩效的刺激物。报酬有外在报酬（如工资、晋升、工作条件的改善、社会地位的提高等）和内在报酬（如成就感、自我实现感等）；（4）奖励措施能否产生满意感，取决于被激励者认为获得的报酬是否公平。如果他认为符合公平原则，当然会感到满意，满意将导致进一步努力；如果他认为不符合公平原则，就会感到不满，不满将影响到未来的努力水平。

波特-劳勒综合激励模型以期望理论和公平理论为基础，吸收了强化理论、目标设置理论的合理成分，阐明了激励导致努力，努力导致绩效，绩效导致满足，满足强化激励的过程。这一理论使我们看到了激励不是一种简单的因果问题，应该考虑多种因素的影响。它告诉我们，不要以为设置了激励目标、采取了激励手段，就一定能获得所需要的行动和努力，并使员工满意。要形成"激励—努力—绩效—奖励—满足"，并从满足回馈努力这样的良性循环，不仅取决于奖励内容和奖惩制度，也取决于组织分工、目标设置、管理水平、考核的公正性、领导作风及个人心理期望等多种综合性因素。

本章小结

销售，就是介绍商品提供的利益，以满足顾客特定需求的过程。商品包括有形的商品及服务，满足顾客特定的需求是指顾客特定的欲望被满足，或者顾客特定的问题被解决。销售的过程是曲折的，且报酬具有不确定性，销售的过程主要就是解除顾客抗拒的过程。销售或推销与市场营销是有区别的，学完本章要能够正确区分两者的区别。

客舱销售也称为机上销售，是航空公司辅助收入的重要环节。目前，不仅低成本航空公司注重机上销售，精品航空公司也积极投身机上销售行列，开展丰富多样的机上商品销售。随着机上销售的普遍发展，乘客对于机上销售褒贬不一，而航空公司和乘务员都要做好乘客的抚慰工作。

客舱销售职业激励的方法有薪酬激励、精神激励、制度激励、工作激励、积分激励和荣誉激励等。

思考与讨论

一、单项选择题

1. 王女士说："你推销的面膜太贵了，质量也没有你介绍的那么好。"这种抗拒类型属于（　　）。

A. 问题型 B. 批评型
C. 借口型 D. 表现型

2. 无论你怎么介绍按摩仪的功效和好处，陈先生都不太相信，不敢给太太购买。这种抗拒类型属于（   ）。

A. 问题型 B. 批评型
C. 借口型 D. 怀疑型

3. 推销讲究眼前利益，是短期行为，一锤子买卖。只要今天吃饱饭，明天、后天饿肚子也在所不惜。营销追求的是长远利益，在工作上是长远设计，要与顾客建立长期的互利关系，不强调一次的得失，而追求长期的利益最大化。两者区别属于（   ）。

A. 目的不同 B. 出发点不同
C. 过程不同 D. 手段不同

4. "Nordic Sky" 属于（   ）航空公司的机上门户。

A. 芬兰 B. 汉莎
C. 挪威 D. 美西南

5. （   ）航空公司的"飞电商城"方便乘客在地面上和机上进行购物。

A. 天津 B. 首都
C. 春秋 D. 南方

6. 李女士通过翻阅机上免税品购物指南购买商品属于（   ）销售方式。

A. 乘务员推车介绍宣传 B. 电子平台
C. 机上杂志/宣传册 D. 机上广播

7. 乘客乘坐飞机飞行的根本目的是出行而不是购物，由此可看出机上销售具有（   ）。

A. 衍生性 B. 顾客消费被动性
C. 销售高端性 D. 销售一次性

8. 消费能力较差，消费欲望较低的乘客属于（   ）乘客。

A. 旅游观光 B. 探亲
C. 求学 D. 其他

9. 探亲访友乘客属于（   ）顾客。

A. 消费型 B. 优质型
C. 不确定型 D. 经常型

10. 当你在客舱进行机上销售时，林女士抱怨你的行为影响她的休息，这时候你应该采取的正确做法是（   ）。

A. 置之不理 B. 跟她说明这是公司规定任务
C. 愤怒 D. 道歉请求谅解并降低音量

二、填空题

1. 销售的过程是_____，报酬是_____。
2. 向顾客介绍商品之前，还应进行_____、_____、_____。
3. 民航销售的商品有不同的层次，根据商品自身独特的内容，可划分为_____、_____两个层次。
4. 机上销售方式包括_____、_____、_____、_____四种。
5. _____乘客、_____乘客可划分为乐于消费型顾客。

三、判断题

1. 销售过程中销的是自己，售的是观念。（   ）
2. 销售是一项报酬率非常低的艰难工作。（   ）
3. 整个销售过程中周先生的表现是比较冷漠的，也不太说话，这种表现属于主观型抗拒。（   ）
4. 在进行销售活动之前，销售者要熟悉商品、竞争对手、市场及顾客群等。（   ）
5. 销售与市场营销在根本上没有什么区别。（   ）
6. 航空公司将顾客本身或顾客指定的货物运输到目的地的位移属于民航销售的航线商品。（   ）
7. 机上销售为乘客创造非凡的购物体验，也为航空公司的非航收入实现了创收。（   ）
8. 乘客乘机的根本目的是出行，因此机上消费行为一般是被动的。（   ）
9. 旅游观光乘客比较排斥机上销售行为。（   ）
10. 机上商品的价格都是固定的，乘务员在进行客舱销售时不能自作主张给予乘客折扣，乘客也不能讲价。（   ）

四、简答题

1. 销售、推销与市场营销有哪些区别？
2. 什么是客舱销售？
3. 民航乘客出行目的主要有哪些？
4. 民航销售者职业激励的方法有哪些？

五、单元实训项目

目的:流畅介绍客舱销售商品的功效和特点等信息。

内容:介绍美容仪的功效和特点等信息。

要求:500字以上700字以下,自由发挥,可利用网络搜集相关信息。

六、案例分析

1. 春秋航空反思机上销售:心中要永远装着乘客

尽管机上销售是国际惯例,但仍应该在可能的条件下,尽可能地营造有序的客舱环境。春秋航空历来主张和规定:

(1)机上销售要在确保安全的前提下。飞机在起飞、降落时严禁销售。前舱和后舱必须留有航空公司的工作人员。其实机上销售只是一项工作,而对于乘务员,宣传安全知识、检查安全执行情况、确保飞行全过程安全才是更重要的工作。

(2)机上销售应该"动作轻""语言柔",尽可能地减少对乘客的影响。机上销售的一切行为、语言应该轻、柔,尽可能不影响乘客休息、谈话、交流。

(3)照顾想休息的乘客。当发现有乘客在休息时,就算在休息的乘客同排有乘客想购物,乘务员也应该轻手轻脚,还应该给想购物的乘客打一个无语招呼,尽可能不影响休息者。

(4)乘客抱怨,乘务员将被扣分、扣奖金。春秋航空十分重视乘客的感受和意见,建立严格的"每机必访、每周必报、每月兑现、每人建档"的质量管理制度。在乘客返回出发地时,委派质量部专人全面听取乘客意见,凡是乘客抱怨客舱销售吵闹,乘务员就将被扣分、扣奖金。虽然这是一个两难的选择,但春秋航空认为:乘务员要恰当地宣传机上销售的商品;同时有责任、尽可能地柔声细语,不影响乘客休息。

2. 机上销售的根本目的是丰俭由人、降低票价

为了让更多的普通大众坐得起飞机,1976年美国诞生了全世界第一家廉价航空公司,廉价航空正在世界航空业中风起云涌。2009年10月2日,中国民航总局李家祥局长在接受中央电视台采访时说:"中国民航业发展的趋势在于大众化。"李局长的预见顺应了世界潮流,反映了中国普通大众的呼声。

然而刚性成本约占总成本80%的中国航空业如何实现低成本、低价格的运营呢?春秋航空主要是从自己身上降成本、抠费用,比如:高客座率(95%);高利用率(飞机日飞行11小时以上);异常简陋的办公条件;员工国外出差住地下室、吃

方便面、挤地铁、赶巴士、拒绝顾客提供豪华车、连出租车都舍不得坐。其次才是去除非必要服务、增加辅助收入，其实省下一顿经济舱餐食也就省20来元，因此世界航空业，尤其廉价航空都十分关注机上销售等辅助收入。一方面，快节奏的紧张生活，使人们少有时间逛商店，机上销售正好满足乘客购物的欲望；另一方面，航空公司赚取"批零"差价，获得辅助收入，以降低成本。

春秋航空开航以来，在中国民用航空局、地方局的正确领导下，在绝大部分乘客的大力关爱、支持下，四年来春秋航空的价格比全服务公司平均低20%～30%，给一千万乘客，省下了近20亿元人民币。据资料显示，欧洲瑞安航空和马来西亚亚洲航空的辅助收入占到总收入的15%～21%，而春秋航空的辅助收入只占总收入的7%，可见春秋航空为了让更多的普通大众坐得起飞机，在降成本、抠费用、去除非必要服务、增加辅助收入中还有很多的工作要做，他们将根据中国的国情稳步推进。

3．少数乘客不满，春秋航空的反思

好的愿望应该要有好的结果，但今天机上销售却引来少数乘客的不满、抱怨，这就非常值得"心中永远装着乘客"的春秋人进行反思。公司多次召开"反思会""总结会"，就空中服务碰到的新问题，把消除乘客的不满，作为服务创新的契机。

（1）加大扣分、扣奖金的权重。公司的质量管理部门要加强乘客对机上销售的感受和评价，加大对乘客抱怨的乘务组扣分、扣奖金的权重。

（2）机上销售是一门艺术。乘务部要定期召开会议，加强对机上销售技巧的研究、交流和发扬。要总结、发扬销量高的、乘客抱怨少的乘务组的经验和做法。

（3）能否开辟后区，让乘客选座。公司责成机务工程部，能否开辟一个相对安静的后舱。虽然机务工程部认为难度较大，因为要重新安装一套机上通信广播系统。机上有关安全须知、气流预报等必须是一套机上通信广播系统，而机上销售等又是另外一套机上通信广播系统，这要向中国民用航空局适航部门和空中客车公司总部进行报备。

（4）教育全体员工"心中要永远装着乘客"。公司要加强对员工关于"心中要永远装着乘客"的教育，即使是部分乘客，哪怕是少数乘客的意见，也应该值得重视，尽可能地解决问题、满足诉求。

（5）恳请乘客给予机上销售工作的理解。公司欢迎乘客对春秋航空机上销售，以及对春秋航空全部工作的批评和建议，乘客可以向乘务员提出、可以向公司提出、也可以在"老王博客"（www.china-sss.com）上提出。公司同时希望极个别乘客尽可能不要在飞机上有"抗议""演讲""阻止销售"等过激行为，请乘客给予机上销售工作的理解。

4. 绿色飞行，销售绿色

除平民航空外，绿色环保也是春秋航空的一大特色。乘客选择春秋航空，实际上是选择了一次绿色飞行。春秋航空的航班上不提供免费食品和"一次性三件套"及牙签等物品，而是实行销售服务，乘客按需购买，这一小小的差异服务，开航四周年多，节省了堆积起来可达 1 万立方米，相当于上海佘山的一座小山的纸张资源。

春秋航空开航以来保持 95% 的高客座率，消耗同样燃油，运送更多乘客和货物。同样一架空中客车 A320，春秋航空平均每个航班运送 170 人，行业平均运送 121 人，行业人均尾气排放量比春秋航空高 41%，春秋航空有效抑制了温室效应的扩散。

春秋航空已要求公司采购部制定环保要求，把在客舱内销售的商品，逐步替代为绿色环保商品，在商品的材料、能耗、作废处理等环节严格把关，提倡、鼓励乘客使用可回收、能再生、节能的绿色环保商品。春秋航空还提倡在白天的航班上，乘客少关遮阳板，使用自然光，减少飞机照明灯耗费能源。

思考：

（1）本案例中春秋航空是如何降低成本增加辅助收入的？

（2）春秋航空在本案例中是如何反思机上销售的？

第二章　客舱销售职业能力

> **学习目标**

1. 培养客舱销售应具备的职业素养。
2. 树立客舱销售应具备的职业心态。
3. 合理运用职业激励方法进行自我激励。
4. 正确分析客舱销售对象。

随着航空业发展的转型趋势，全球的航空公司在巩固自身的市场地位与盈利能力的同时，越来越注重为机上乘客创造更多的服务价值。不仅仅是低成本航空公司，传统航空公司也开始开展客舱销售的业务。那么，客舱销售准备工作有哪些？客舱销售乘务员应该具备什么样的素质和能力？乘务员如何进行自我的职业激励？客舱销售对象都有哪些分类和特点？

第一节　客舱销售职业素质

销售者是决定销售业绩高低的关键因素。"销售最重要的因素是人"，因此只有把一个合适的人放到销售岗位上，销售才能取得第一步成功。而销售者的素质决定了销售服务的质量。人才是有实效性和层次性的，只有不断创新和加强员工的素质培养，员工才能做到真正尽心尽力，具有百分之百"在岗一分钟干好60秒"的用心，保证工作上不出任何差错，保证企业有信誉、有效益，朝着更好、更快的方向发展。

客舱销售岗位具有其特殊性，客舱销售者一般是乘务员兼职，其核心商品主要是客舱服务，针对客舱销售职业的具体情况，其职业素质主要有如下四点：自信心、意志力、诚信和执行力。

一、自信心

案例导入

> **订报纸的男孩——奥巴马**
>
> 20世纪60年代,一个混血男孩出生在美国夏威夷的檀香山,他的父亲是肯尼亚人,母亲来自美国的一个中产家庭。男孩长大后就读于夏威夷一家私立精英小学,因为肤色问题的困扰,他在班上少言寡语。每当老师提问时,他的双腿就开始不停颤抖,说话也变得吞吞吐吐。老师无奈地告诉男孩的母亲,这个孩子连自己都不相信,将来不会有什么出息了。
>
> 男孩的母亲并不认同老师的观点,她为男孩找了一份差事——课余时间在街区里挨家挨户订报纸。
>
> 在母亲的鼓励下,男孩勇敢地迈出了第一步。他敲开了邻居家的门,努力地与他们沟通,征订报纸出人意料地顺利,几个邻居都成了他的忠实用户。有了挣"第一桶金"的经历,男孩从此说话不再结巴了,他从一个街区走到另一个街区,自信地敲开一户又一户的大门,订单也与日俱增,他第一次享受到成功的喜悦。
>
> 多年以后,男孩才知道,他童年时获得的"第一桶金"浸透了深深的母爱。原来,母亲早就安排好,她自己出钱请邻居们订报纸,目的就是给儿子一份自信。成功的他握住母亲的手,任凭泪水肆意地流淌。童年那份宝贵的自信让他一步步地走下来,成为美国首位非洲裔总统。他就是贝拉克·侯赛因·奥巴马。
>
> (来源:经典网《关于自信的12个经典名人事例》)

1. 自信心定义

自信心是人们在日常生活中常常谈起的一个名词,而在心理学中,与自信心最接近的概念是班杜拉(A.Bandura)在社会学习理论中提出的自我效能感。自我效能感是指个体对自身成功应付特定情境的能力的估计。班杜拉认为,自我效能感关心的不是某人具有什么技能,而是个体用其拥有的技能能够做些什么。

班杜拉认为,在某一情境下,决定自我效能感的四个主要因素如下。

(1)行为成就:效能期望主要取决于过去发生了什么;以前的成功导致高的效能期望,而以前的失败导致低的效能期望。

(2)替代经验:个体通过观察他人的行为,可以对自我效能感产生与自己的成败相似的影响。

(3)言语劝说:当你尊敬的人强烈认为你有能力成功地应付某一情境时,自我效能感可以提高。

（4）情感唤起：高水平的唤起可导致人们的焦虑与紧张，并降低自我效能感。

自信不能停留在想象上。要想成为自信者，就要像自信者一样去行动。我们在生活中自信地讲话，自信地做事，我们的自信就能真正树立起来。面对社会环境，我们的每个自信的表情、自信的手势、自信的言语都能真正在心中培养自信。广义地讲，自信本身就是一种积极性，自信就是自我评价的积极态度。狭义地讲，自信是与积极密切相关的事情。没有自信的积极，是软弱的、不彻底的、低效的积极。

自信是发自内心的自我肯定与相信。自信无论在人际交往上、事业上，还是在工作上都非常重要。只有自己相信自己，他人才会相信你。自信是对自身力量的确信，深信自己一定能做成某件事，实现所追求的目标。把许多"我能行"的经历归纳起来就是自信。自信表情如图2-1所示。

图2-1　自信表情（来源：奇飞知识网）

2. 自信提升

人是在战胜自卑、建立自信的过程中成长的。

在现实生活中，每个人都知道自信对事业、对人生的重要性，但是知道自信的必要性，并不等于有了自信。实际上，缺乏自信一向是困扰人们的大问题。有人曾经对某大学选修心理学的学生做调查，其中有一个问题是个人感到最困扰的事，调查结果显示，缺乏自信的人占75%的比率。在生活中，畏缩，深陷于不安，感到无

能感,甚至对自我能力怀疑的人,几乎随处可见。这种类型的人对于自己是否具有承担责任的能力感到质疑。他们也怀疑自己能否抓住有利机会。他们总认为事情不可能顺利进行,从而抱忐忑不安的心态。此外,他们也不相信自己可以拥有心中想要的东西。于是他们往往退而求其次,只要拥有些许的成就便觉心满意足。

自信提升的方法如下。

1) 要为自己确立目标

确立目标既是人生成功的需求,也是激发人的潜力、最大化地创造价值的需求。所以,人生一定要有目标,有了目标,你就会想方设法为达到目标而努力,因而不会为是否自信,以及目标以外的事情所烦恼。其实,设立目标本身就是自信心的一种表现,你在心中有了目标,你的潜意识就会调动你所有的能量,为实现目标而努力。但在制定目标时要注意,一定要使目标切合自己的实际,不要好高骛远。否则,一旦目标实现不了,你就会因此而产生挫败感,从而打击你的自信,丧失信心。

2) 发挥自己的长处

人是在战胜自卑、建立自信的过程中成长的。天下之人,千差万别,但比较而言,人各有所长,各有所短。你在做事的时候,一定要注意发挥自己的长处,避免自己的短处。如果你总是做不适应自己的事情,老拿自己的短处与别人的长处比较,那很容易产生自卑感,挫伤自己的信心。

3) 做事要有计划

做好计划、按计划行事,不仅可以提高工作效率,而且可以体验工作的节奏感,不把工作当作一种苦役,而当作一种享受,在工作中感受生命的脉动,把握生命的韵律。做事讲方法、行动有效率,工作一定要讲究方法,做好计划。没有计划的人永远被工作牵着走。

4) 做事不拖延

在现实生活中,一些人之所以缺乏自信,是因为挫折长期积累,就是因为在一些日常小事上没有处理好,不断积累,不断地给自己增加心理压力,久而久之,就会在心里产生一种失败感,觉得自己什么事情也做不好,因而缺乏自信。所以,建立自信的最好办法,就是认真对待每件小事。凡是自己认为应该做的事情,不论大小,都要认真对待,把它处理好,首先给自己一个好的交代,让自己满意。对于树立自信来说,没有小事。做事讲方法,行动有效率。要做到这一点,就要养成做事专心致志的工作习惯,同时,养成日事日毕的好习惯。不让事务性的工作缠身,心里就会感到轻松,就等于去掉了自卑存在的理由,就很容易培养自信心。

5) 学会自我激励

人的自信是一种内在的东西。所以,在树立自信的过程中,一定要学会自我激励,要有勇气面对别人的讥讽和嘲笑。自我激励的办法之一,就是运用临时性的激励办法。例如，遇到重要的事情时，需求鼓起勇气来面对，可以对自己说："造物主生我，就赋予我无穷的智慧和力量，凡事能做。"这样可以增强自己内在的信心、激发自己内在的力量，从而成功地达到最终目的。当然，这种激励只是一种临时的办法，要想长期在自己的内心建立自信，那就需要不断地激励自己，直到形成习惯。

6）不要让自己成为别人

在学习、工作之初，特别是从事艺术职业的人，在从业之初，模仿是可以的，甚至是必要的。但是，造物主生人，是让人成为真正的自己。千差万别、各具特色的面孔的本身，就说明上帝是以多样性来塑造这个世界的。所以，任何雷同，都会使其中的一方失去其存在的意义。如果一个人想要成为别人，那么，他就会生活在别人的影子里，看不到独立的自己，那他就永远找不到自信。

3. 自信应用

作为销售者，不仅仅是在销售商品，也是在销售自己，顾客接受了你，才会接受你的商品。一方面，销售者面对顾客时要不卑不亢，坚信自己的商品和服务具有独特的优点，能满足顾客的需求，给顾客带来良好的体验和价值，并把这些熟记于心，用一种必胜的信念去面对顾客；另一方面，对于上级指派的任务和销售指标，坚信自己能够顺利完成。

被称为汽车销售大王的世界吉尼斯纪录创造者乔·吉拉德，曾在一年中推销汽车一千六百多部，平均每天将近五部。他去应聘汽车推销员时，老板问他："你推销过汽车吗？"他说："没有，但是我推销过日用品，推销过电器，我能够推销它们，说明我能够推销自己，当然也能够推销汽车。"知道没有力量，相信才有力量。乔·吉拉德之所以能够成功，是因为他有一种自信，相信自己可以做到。自信与专业不同，专业水平高的人不一定自信，而且自信和谦虚又不同，我们中国人自古以来就是以谦虚自称，但在销售中谦虚并不是一件好事。

1）措辞肯定

一个病人得了心脏病，要开刀治疗。病人已经躺在手术台上，这时医生拿着手术刀，对这名病人讲了一句话，病人什么话也没说，立即从手术台下走了下来，不做了。医生很谦虚地讲："很对不起，我医术也一般。如果做得不好，请见谅。"你想做这名医生吗？

上面医生的例子中，医生实际上是谦虚，但起到的效果却不好。为了保持自信，我们在语气上，在措辞上要用肯定的，而不应该是否定的或模糊的。

当顾客问电脑公司的销售者："你们的刻录机是几倍速的？"销售者讲："我们的刻录机可能是4速吧。"换成你是顾客，你有何感想？可能是、应该是、也许吧……

这些都是不确定的词汇,这表明你缺乏信心,这也会影响你的专业水平。当然,对你的感染力也具有负面影响。在销售中,我们要避免使用这类词语,而换成更为积极的词汇、更为肯定的语气。在有些时候,要态度坚决地表示肯定,而不能有丝毫犹豫,你的一点犹豫可能会让顾客失去对你的信心。例如,当顾客讲:"你们能不能让我在星期四收到货?"如果你是可以的,这时应斩钉截铁地讲:"可以,绝对可以,没问题!"这样才可以进一步强化顾客的信心。对于自己实在不清楚的东西,要找到正确的答案以后,再告诉顾客。

2)语调沉稳

对于一些刚刚从事电话销售的销售者,由于经验不够,再加上紧张,可能讲话都有些发抖。这种情况在不自信的情况下也会发生,当你对某件事不是很确定的时候,你其实是很心虚的,心虚就如同说谎话一样,会让你的声音发抖。发抖的声音给人的感觉是紧张和不自信,这可能会让顾客感到你可能在讲假话,会让顾客怀疑他的时间是否花在了不必要的事情上面。克服这一点最好的方法就是一定要对自己的商品充满信心,即使你知道你的商品存在这样、那样的不足,但看问题要看好的方面,因为你的商品有不足,你的竞争商品同样存在不足。我们向顾客强调的是价值,而不是缺点和不足。另外,深呼吸,以及充分的准备,也可以帮助你增强信心。

二、意志力

案例导入

爱迪生发明电灯的故事

英国的科学家戴维和法拉第发明了一种叫作电弧灯的电灯。这种电灯用炭棒作为灯丝。它虽然能发出亮光,但是光线刺眼,耗电量大,寿命也不长,很不实用。因此,爱迪生就暗下决心:"电弧灯不实用,我一定要发明一种灯光柔和的电灯,让千家万户都用得上。"

他的实验开始着手于灯丝的材料:用传统的炭条作为灯丝,一通电灯丝就断了。用钌、铬等金属作为灯丝,通电后,亮了片刻就被烧断。用白金丝作为灯丝,效果也不理想。就这样,爱迪生试验了1 600多种材料。一次次的试验,一次次的失败,很多专家都认为电灯的前途黯淡。英国一些著名专家甚至讥讽爱迪生的研究是毫无意义的。一些记者也报道:"爱迪生的理想已成泡影。"爱迪生面对失败,面对所有人的冷嘲热讽,并没有退缩。他明白,失败乃成功之母,每一次的失败,意味着又向成功走近了一步。

1879年10月，在一次偶然的机会下，爱迪生的老朋友麦肯基来看望他。爱迪生望着麦肯基说话时一晃一晃的长胡须，突然眼睛一亮，说："胡子先生，我要用您的胡子。"麦肯基剪下一绺交给爱迪生。爱迪生满怀信心地挑选了几根粗胡子，进行炭化处理，然后装在灯泡里。可令人遗憾的是，试验结果也不理想。"那就用我的头发试试看，没准还行。"麦肯基说。这句话深深地触动了爱迪生，但他明白，头发与胡须性质一样，于是没有采纳朋友的意见。爱迪生起身，准备为这位慈祥的老人送行。他下意识地帮老人拉平身上穿的棉线外套。突然，他又喊道："棉线，为什么不试棉线呢？"

麦肯基毫不犹豫地解开外套，撕下一片棉线织成的布，递给爱迪生。爱迪生把棉线放在U形密闭坩埚里，用高温处理。爱迪生用镊子夹住炭化棉线。准备将它装在灯泡内。可由于炭化棉线又细又脆，加上爱迪生过于紧张，拿镊子的手微微颤抖，因此棉线被夹断了。最后，费了九牛二虎之力，爱迪生才把一根炭化棉线装进了灯泡。此时，夜幕正在降临，爱迪生的助手把灯泡里的空气抽走，并将灯泡安在灯座上，一切工作就绪，大家静静地等待着结果。接通电源，灯泡发出金黄色的光辉，把整个实验室照得通亮。13个月的艰苦奋斗，试用了6 000多种材料，试验了7 000多次，终于有了突破性的进展。

但是，这灯究竟会亮多久呢？1小时，2小时，3小时……时间一分一秒地过去，这盏电灯足足亮了45小时，灯丝才被烧断。这是人类历史上第一盏有实用价值的电灯。后来1879年10月21这一天被人们定为电灯发明日，标志着可使用电灯的诞生（如图2-2所示）。

虽然这样，爱迪生并没有满足，他没有陶醉于成功的喜悦之中，而是给自己提出更高的要求——"45小时，还是太短了，必须把它的寿命延长到几百小时，甚至几千小时"。

有一天，天气闷热，他顺手取来桌面上的竹扇面，一边扇着，一边考虑问题。"也许竹丝炭化后效果更好。"爱迪生简直是见到什么东西都想试一试。试验结果表明，用竹丝作为灯丝效果很好，灯丝耐用，灯泡可亮1 200小时。经过进一步试验，爱迪生发现使用炭化后的日本竹丝作为灯丝效果最好。于是，他开始大批量生产电灯。他把生产的第一批灯泡安装在"佳内特号"考察船上，以便考察人员有更多的工作时间。此后，电灯开始走进寻常百姓家。

后来，人们便一直使用这种用竹丝作为灯丝的灯泡。几十年后，又对它进行了改进，即用钨丝作为灯丝，并在灯泡内充入惰性气体氮或氩。这样，灯泡的寿命又延长了许多。我们现在使用的就是这种灯泡。

图 2-2　爱迪生发明了电灯

（来源：罗湖教育网）

每个销售者身上都有巨大的销售指标，背后是主管经理无情的催促和压迫，面前是顾客冷漠的拒绝和挑剔。客舱销售者面对的乘客多种多样，顾客的要求和性情形色各异，顾客所表现出的销售抗拒也千差万别，因此需要销售者能够在强大的压力下随机应变。面对挫折，有些客舱销售者难免感到迷茫和沮丧，或放弃，或消极工作，这样的工作心态肯定是与成功背道而驰的。因此，一个合格的客舱销售者必须要认识到民航服务工作的特性、摆正自己的位置、端正自己的心态，理性面对上级、顾客和工作时间的压力，从容不迫，积极承受压力并学会释放压力，把压力转换为进取的源泉。

遭到拒绝几乎是每个销售者每天都要遇到的事，被拒绝一次后你可能依然勇气十足，可如果被拒绝了 10 次、100 次呢？答案是你只能开始准备你的第 101 次？是的，因为我们是销售者，不能因为遭受拒绝就停止销售。日本著名销售大师原一平深有感触地说："销售就是初次遭到顾客拒绝之后的坚持不懈。也许你会像我那样，连续几十次、几百次地遭到拒绝。然而，就在这几十次、几百次的拒绝之后，总有一次，顾客将同意采纳你的计划。为了这仅有的一次机会，销售者在做着不懈的努力。"

因为前面有一连串的拒绝，所以顽强的意志力是客舱销售者都必须具备的素质，百折不挠，要认定拒绝是不可避免的，不能遇到的拒绝较多，就灰心丧气、一蹶不振。销售者永远是一位孤独的勇士，在不断地被人推出门后，还能再次举手来敲门，也许，机会就在那最后的一敲。拒绝是对销售者最基本的考验，被拒绝时你应该提醒自己：我要一直向前走，绝不后退，下一次我一定会成功。

销售既有成功也有失败。成功者与失败者的最大区别在于成功者比失败者多坚持了一步。失败后，我们不仅仅是能坦然面对失败，更重要的是学会总结经验，为今后的成功做准备。

三、诚信

案例导入

一诺千金的故事

秦朝末年，在楚地有一个叫季布的人，性情耿直，为人侠义好助。只要是他答应的事情，无论有多大困难，都设法办到，受到大家的赞扬。

楚汉相争时，季布是项羽的部下，曾几次献策，使刘邦的军队吃了败仗，刘邦当了皇帝后，想起这事，就气恨不已，下令通缉季布。

因为敬慕季布为人，人们都在暗中帮助他。不久，季布经过化装后到山东一家姓朱的人家当佣工。朱家明知他是季布，仍收留了他，后来，朱家又到洛阳去找刘邦的老朋友汝阴侯夏侯婴说情。刘邦在夏侯婴的劝说下撤销了对季布的通缉令，还封季布做了郎中，不久又改做河东太守。

有一个季布的同乡人曹邱生，专爱结交有权势的官员，借以炫耀和抬高自己，季布一向看不起他。听说季布又做了大官，他就马上去见季布。

季布听说曹邱生要来，就虎着脸，准备发落几句话，让他下不了台。谁知曹邱生一进厅堂，不管季布的脸色多么阴沉，话语多么难听，立即对着季布又是打躬，又是作揖，要与季布拉家常叙旧，并吹捧说："我听到楚地到处流传着'得黄金千两，不如得季布一诺'（如图2-3所示）这样的话，您怎么能有这样好的名声传扬在梁、楚两地的呢？我们既是同乡，我又到处宣扬你的好名声，你为什么不愿见我呢？"季布听了曹邱生的这番话，心里顿时高兴起来，留下他住几个月，作为贵客招待。临走，还送给他一笔厚礼。

图2-3　得黄金千两，不如得季布一诺（来源：《国学故事》）

后来,曹邱生又继续替季布到处宣扬,季布的名声也就越来越大了。

(来源:《史记·季布栾布列传》)

1. 诚信定义

"诚"即诚实、诚恳,主要是指主体真诚的内在道德品质;"信"即信用、信任,主要是指主体"内诚"的外化。"诚"更多地是指"内诚于心","信"则侧重于"外信于人"。"诚"与"信"一组合,就形成了一个内外兼备、具有丰富内涵的词汇,其基本含义是指诚实无欺、讲求信用。千百年来,诚信被中华民族视为自身的行为规范和道德修养,形成具有丰富内涵的诚信观。诚信如图2-4所示。

图2-4 诚信(来源:中国机床商务网)

2. 诚信运用

案例导入

快递涉嫌协助海淘造假

2017年5月26日,有网络视频曝光国内电商网站上大量的所谓"境外购""海外购"存在猫腻,商品多是国内的山寨货。在超额利润的诱惑下,一些快递公司的代收点公然提供"异地上线"服务,帮国内厂商虚构香港、美国等地的发货信息,掩盖真实发货地点。

在网络视频中,为打消海淘者的疑虑,协助造假的快递从业者甚至凭空造出海外货物物流查询网站,支持顾客随时查看其实并不存在的"实时海外运输更新信息",整个造假流程可谓是环环相扣,天衣无缝。

事件发生后,顺丰、圆通都出面对协同造假质疑进行回应。其中,顺丰相关负责人表示，视频拍摄场所非顺丰营业网点，视频中所提及的海外网站系黄牛自建，并非顺丰内部存在协助造假。

圆通公司负责人表示，对个别加盟商的违法、违规行为感到愤慨，也向受蒙蔽的顾客致歉，将积极配合执法部门联合打击，从源头上斩断假直邮链条。

尽管如此，造假事件还是激起轩然大波。除谴责海淘平台的"黑商户"无良外，网上对知名快递公司涉嫌协助造假也是声讨一片。不少网民认为，快递伪造发货地址不仅仅是道德问题，而是售假行为的"共犯"，应该受到严惩。

"网络虚拟交易中，买卖双方不能直接见面，往往通过交易信息来评判对方的信用。"沈阳城市学院互联网应用学院李刚院长说。此前，网店的信用评级系统受到信息"黑市"、网上"刷单"等干扰，让顾客无法评判。"快递业伪造发货地址和'异地上线'服务的出现，无异于将信息造假从线上拓展到线下，对顾客权益造成新的损害。"

统计显示，2016年我国的快递业务突破300亿件大关。其中，电商包裹的占比达到70%以上。此次海淘造假丑闻中，快递虚构信息无疑为假货打开了方便之门。例如，在莆田部分电商商品的快递发货区，以及市场周边的沿街店铺，随处都能看见这样的异地上线业务。通过快递信息的造假，造假者也搭上了经营"顺风车"。

虚构交易记录、伪造购物好评，甚至炮制异地发货的物流清单，类似"电子营销数据造假"，被业内人士称为"网络交易之癌"，从根本上破坏了网络经济的秩序。专家认为，唯有扎紧行业诚信的"篱笆"，方能抑制"癌细胞"扩散。

（来源：中国新闻网）

《左传·僖公十四年》曰："弃信背邻，患孰恤之。无信，患作；失援，必毙。"意思是说，若自己丧失信用，背弃邻国，遇到祸患有谁会同情自己。失去了信用，一旦祸患发生，没有人来支援自己，就必定会灭亡。由此可见，重诺守信是十分重要的。如果我们对别人许下诺言，就需要认真对待，对自己的承诺负责，切勿掉以轻心，失信于人。在平日待人处事时，我们可先从守时开始做起，然后对家人、朋友信守承诺，以诚信待人。

诚信在销售中也尤为重要。首先，在销售商品的质量方面要过关。一朝被蛇咬，十年怕井绳。案例中如果顾客一旦购买了质量差的商品，不仅会永远失去这位顾客，而且顾客会一传十，十传百，失去名声，将会在无形之中失去更多的顾客。机上销售的商品质量不仅代表商品本身的信誉，还代表航空公司的信誉。供机上销售的商品的质量一定要严格把关且取得相应的质检合格证书。其次，在销售过程中，答应顾客的事情无论如何都要第一时间做到，当确实无法完成的时候，要第一时间告诉顾客，并提出相关的补救措施。

四、执行力

案例导入

把梳子卖给和尚

一个公司在招聘人员的过程中,经过重重面试最后还剩下三个人,该公司是生产梳子的,最后一道考试题便是谁能把梳子卖给和尚。半个月后,三个人都回来了,结果分别如下。

甲:在跑了无数的寺院、推销了无数的和尚之后,碰到一个小和尚,因为头痒难耐,说服他把梳子当作一个挠痒的工具卖了出去。经过努力,最终卖出了一把梳子。

乙:也跑了很多寺院,但都没有推销出去,正在绝望之时,忽然发现烧香的信徒中有个女客头发有点散乱,于是对寺院的主持说,这是一种对菩萨的不敬,终于说服了两家寺院每家买了五把梳子。卖出了十把梳子。

丙:在跑了几个寺院之后,没有卖出一把,感到很困难,便分析怎样才能卖出去。想到寺院一方面传经布道,另一方面也需要增加经济效益,前来烧香的信徒有的不远万里,应该有一种带回点什么信物的愿望。于是和寺院的主持商量,在梳子上刻上各种字,如虔诚梳、发财梳……,并且分成不同的档次,在香客求签后分发。结果寺院在应用之后反响很好,越来越多的寺院要求购买此类梳子(如图2-5所示)。最终,一共卖了1 500把,并且可能会卖出更多。

图2-5 把梳子卖给和尚

营销策略固然重要,但是如若不付诸行动,最终可能一把梳子都卖不出去。

(来源:销售小故事)

客舱销售者需要的是一个灵活的头脑,需要有很多创新的销售思路,但是想法不管有多少，主要还是要付诸实践，拥有执行力，最后才能成功。

大多数人觉得销售者好像是个万能的人，能说会道，处变不惊，销售业绩带来的报酬很诱人，但很多客舱销售者害怕销售工作的巨大挑战，销售的积极性不高。因为大多数人不相信自己具备或者能够学会成功销售的技能。这种错误的观念在于把销售工作看作一个整体，而不是对技能和行为的组合。通过把销售工作拆分成一个个节点，结合客舱销售行情我们就可以从每个成功的环节做起，掌握民航销售的素质，一步一步走向成功。

但是，部分人觉得销售无非是将商品售卖给顾客，是一种简单的交易行为，因此不注重市场和顾客分析，也不注重自身素质的培养，只是单纯地售卖机上商品。这是自我封闭、固步不前的工作行为，是不可取的。

第二节　客舱销售职业礼仪

整洁的衣着、清爽的仪表是个人文明的重要体现。随着民航的快速发展，行业的竞争越来越激烈，同类商品的选择越来越多元化，顾客所购买的已不仅仅是商品本身，工作人员的态度、服务是现在顾客选择的新标准。在日本，许多大企业认为，雇员的礼仪和教养关系到生意的兴衰和机构的存亡。一个受过训练、彬彬有礼的员工，一定会赢得顾客的欢迎，对公司的经营和发展至关重要。作为服务人员的乘务员，良好形象和服务礼仪显得至关重要。

一、仪容修饰

仪容，通常是指人的仪表、容貌。重点是指人的容貌。在人际交往中，每个人的仪容都会引起交往对象的特别关注，并将影响到对自己的整体评价。

真正意义上的仪容美，应当是自然美、修饰美、内在美三个方面的高度统一。忽略其中任何一个方面，都会使仪容美有失偏颇。在这三者之间，仪容的内在美是最高的境界，仪容的自然美是人们的心愿，而仪容的修饰美则是仪容礼仪关注的重点。要做到仪容修饰美，自然要注意修饰仪容，特别是空姐（如图2-6所示）。虽然每个乘务员在执行航班前会先化好妆，但在执行航班期间可能会晕妆，因此乘务员在进行机上销售前，先补妆确保展现给乘客的是完好的妆容，从而向乘客传递活力和信任。

乘务员应妆容整洁，尤其是空姐。完好的、自然的职业妆容，首先应确保眉型整齐且适合脸型，颜色柔和自然；眼影、眼线、睫毛膏都要体现，且自然雅致；腮红也要明显，才能显出精气神；口红颜色要精致突出，切忌沾到嘴角，此外要注意唇部的保养和护理，避免起皮影响整体。在和乘客沟通的时候，乘务员必须面带微笑，给予乘客亲切感和自信。

图 2-6　乘务员仪容修饰

头部发型也要保持干净、利落，发髻用隐形发网盘好，扎起的高度适中，发髻不得低于双耳，不可过高或者过低，海南航空要求乘务员头顶部头发蓬起高度为 3~5cm（如图 2-7 所示），刘海梳理整齐，服务时头发禁止掉下遮住脸颊（如图 2-8 所示）。男士头发长度不能过长，不能超过耳朵上方，最短不得短于两寸，可经过烫发打造整体造型，整体造型应柔和、圆润。

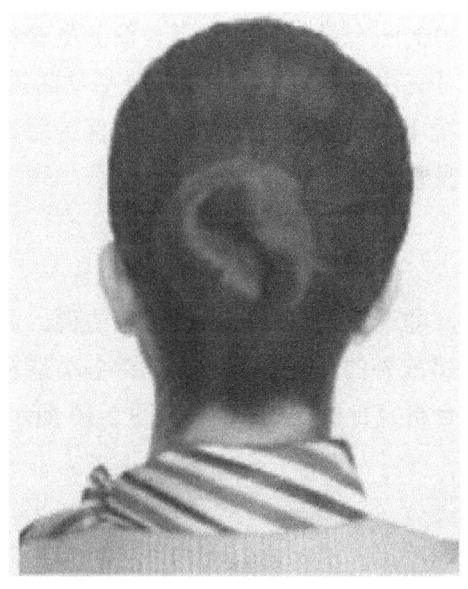

图 2-7　乘务员发髻高度图

图 2-8　乘务员刘海梳理整齐

二、服饰礼仪

服饰礼仪是人们在交往过程中为了相互表示尊重与友好，达到交往和谐而体现在人的穿着、佩饰和其他附属物品上的一种行为规范。乘务人员的服饰能够反映航空公司的文化和修养，根据人们的审美观及审美心理，服饰礼仪应遵循以下基本的原则。

1. 整洁原则

整齐干净是服饰打扮的一个最基本的原则。乘务员穿着整洁能够给乘客积极向上的感觉，并且也表示对交往对方的尊重和对社交活动的重视。在进行客舱销售时，即使遇到场面混乱的情况下，乘务员也要时刻记得保持服饰的整洁，果汁等污渍洒到身上要及时换新，全身整齐有致。

2. 搭配和谐原则

所谓搭配和谐原则，即选择的饰品应与制服相协调。通常乘务员在执行航班时是不允许佩戴除手表、婚戒外的其他首饰。因此乘务员选择佩戴的手表和服饰应尽量与制服同质同色，符合自身身份（如图 2-9、图 2-10 所示）。

3. 时尚原则

乘务员制服虽然是工作服，但一直以来国内外航空公司的乘务员制服一直随着时代潮流的变化而变化。每个航空公司的乘务员制服都具有不同的寓意，有些蕴含着航空公司的企业文化或民族文化,如 20 世纪 70 年代,美国西南航空公司的座右铭就是"性感才是最卖座的",空姐们的穿着也十分符合这个座右铭,西南航空是众所周知的"爱的航班"(如图 2-11 所示)。有些散发着时代潮流的审美,如 1965 年德国汉莎航空公司的空姐制服,空姐头上所戴的碉堡帽,是由杰奎琳·肯尼迪(美国前总统肯尼迪的夫人)所引领的时尚浪潮,也是那个年代空姐制服的主要部分(如图 2-12 所示)。为适应时尚潮流的改变,航空公司开始聘请专业时装设计师为乘务员量身打造制服,如海南航空第五代制服是由国际知名设计师劳伦斯·许担当设计师,新制服将古典东方的设计元素与西化的立体裁剪相结合,在展现东方之美品牌形象的同时,赋予新的活力与时尚(如图 2-13 所示)。

图 2-9　手表与制服颜色相近

图 2-10　服饰搭配同质同色

图 2-11 美国西南航空 20 世纪 70 年代的空姐制服

图 2-12 1965 年德国汉莎航空公司的空姐制服

图 2-13 海南航空第五代制服

第三节 客舱销售对象分析

随着航空市场竞争压力日趋增大，客舱销售的空间有限、时间有限，顾客的选择有限，把握客舱销售对象的心理特征，满足不同乘客的心理需求，既可以为顾客提供有针对性的商品和服务，提高航空服务质量，又可以有效增加航空运营企业的利润。客舱销售者要学会观察，了解不同类型乘客的心理需求，用乘客可接受的方式销售乘客需要的机上商品，从而更好地为乘客服务。

一、按乘客出行的目的分类

按照不同标准可将乘客进行不同的分类。按乘客出行的目的分类，可将乘客分为商务乘客和非商务乘客。

1）商务乘客

对于经常乘坐飞机出行的商务乘客（如图 2-14 所示），他们选择乘坐哪家航空公司主要考虑本单位与该航空公司是否有合作，或者受某航空公司的服务和宣传的影响。商务乘客对航空公司提供的服务有一定的要求，同时他们对航空公司的机上销售商品有一定的信赖度。商务乘客由于出行次数较多，对航空公司的服务体验较多，在心理上会很自然地把本次出行的机上体验与以往的体验相比较或者与其他航空公司提供的机上服务比较，看是否符合自己的心理预期，因此商务乘客的服务过程中的每个细节都是很重要的。

图2-14　商务乘客（来源：中新网）

商务乘客共同的特点是对乘机环境有较高要求、对时间敏感。商务乘客要求环境安静、舒适，希望与周围的人建立良好的人际关系。但是该类乘客对机票、机上商品、服务的价格不敏感。由于行程的时间有限，大多数商务乘客会选择线上购物机上提货或直接机上购物。针对该类型乘客，只要符合消费需求即可。

2）非商务乘客

非商务乘客（如图2-15所示）按乘客的出行目的可以分为探亲访友乘客和出游乘客。

探亲访友乘客乘坐飞机出行的频次较低，这种乘客一般对航空公司的机上服务要求不高，但是对价格敏感，主要为体验航空旅行的便捷性。这种乘客群体会很自然地把航空出行与以前的其他出行方式相比较，在大脑中形成对所选择的航空公司形象的初步认识。乘客如果对得到的服务感到满意，或者达到了心理预期，那么就是下一次的航空顾客来源。如果心理需求没有得到满足，或者与心理预期有一定的差距，那么这样的乘客很可能不会再次选择航空出行。

根据航线的不同，针对探亲访友乘客可以推出不同的旅游商品，如首都航空北京—三亚的航线上推出防水双肩背包，具有多种颜色选择、可以叠成公文包大小，方便携带、性价比高等特点。

出游乘客大部分有一定的经济基础，有较多的航空出行经验。这种乘客对航空公司的机上服务有一定要求，对价格不太敏感。机上销售者的销售方式和销售态度对其有一定的吸引力。这种乘客更看重机上销售商品的实用性、趣味性和纪念意义。

针对出游乘客，根据航班到达的目的地不同，可以适时向乘客推销实用的商品。例如，北京—三亚的航班上大部分乘客都是前往三亚旅游的，三亚海岸，紫外线强，悠闲舒适的日光浴少不了防晒霜、面膜、墨镜等。航班上会推出各式各样的纪念品，如飞机模型、玩偶等；特色航线也会根据始发站和目的站的特点提供相应的特产等。

图 2-15　非商务乘客（来源：湖南机场资讯中心）

二、按乘客的年龄分类

1）儿童乘客

儿童乘客是指以预计起飞时间为准，年龄在 2 周岁以上（含）12 周岁以下（含）的乘客（如图 2-16 所示）。客舱内儿童乘客对机上商品的心理特点主要是新奇，儿童乘客没有购买的能力，往往是家长为其买单。

图 2-16　儿童乘客（来源：白度图片）

针对儿童乘客，可以销售玩具、纪念品、飞机模型、点读机等学习工具。

2）中青年乘客

中青年乘客是选择航空出行的主力人群，有一定的经济实力，有较多的航空出行经验，同时也是机上销售的主要对象（如图2-17所示）。这类乘客注重时尚，对美有一定的追求，对机上销售商品的实用性和美观度都有较高要求。

图2-17　中青年乘客（来源：百度文库）

其中，中青年女性乘客对美容、首饰等商品有较高的需求，机上销售的具有美白、保湿、抗皱效果的面膜，做工精致、璀璨的珠宝等对其有较大的吸引力；中青年男性乘客对于商务用品有较多需求，如机上销售的公文包、钢笔等办公用品对其吸引力较大。

3）老年乘客

老年乘客（如图 2-18 所示）的心理特点是安全、舒适、对价格较敏感。这种乘客追求商品的使用价值，注重推销员的服务，易选择保健、有特色、便于携带给孩子的商品。例如，航空公司推出的老年保健品、玩偶和飞机模型等。

图 2-18　老年乘客（来源：中国经济网）

第四节　客舱销售准备工作训练

一、客舱销售职业素质训练

1. 自信心训练

假设客舱销售主持人还没有确定，乘务长询问大家有无意愿，你会怎么做？（请结合自信心在销售中的应用，进行情景模拟。）

2. 意志力训练

假设你是本次航班客舱销售的主持人，你对客舱销售商品进行了详细的讲解说明，但是乘客并不理会，你会怎么做？（请结合意志力在销售中的应用，阐述你的心理。）

3. 诚信训练

假设你已试用了本次航班客舱销售的面膜，但是出现了很严重的过敏现象，你会怎么做？（请结合诚信销售进行情景模拟。）

4. 执行力训练

假设你是本次客舱销售主持人,今天销售的商品是一款墨镜,你会如何进行推销宣传?

二、客舱销售职业礼仪训练

案例分析

"鞋王"叹服空姐临危一笑 20万年薪寻成都笑眼空姐

2004年6月5日晚,从北京飞往成都的四川航空航班上,双星副总裁、双星成都科技投资发展有限公司董事长刘树立在一种带着倦意的轻松中半睡半醒。

"先生,您身体是否有点不舒服?"一声轻柔的声音唤起刘树立,刘树立睁眼看到一位年轻靓丽的空姐站在面前。顺着空姐的眼光,刘树立注意到自己身边的乘客,顿时吓了一跳——只见他脸色发青,泛白的嘴唇抖个不停……刘树立意识到,这个中年人在万米高空中、无医无药中陷入了生死一线的危境,并且已经没有了呼救的力气。征战商海近20年的刘树立鼻子上也渗出了汗水。

"一向不服输的我,没想到关键时刻不如一个小姑娘。"刘树立笑称,那时候最打动他的是那位空姐会笑的眼睛。操刀双星市场销售多年的刘树立知道,那种临危一笑背后是难得的从容,他称这是双星愿意以20万元年薪邀请这位空姐加盟的直接因素。

刘树立注意到,那位空姐还是乘务长,因为她的衣服与其他空姐不一样。当时的那位空姐一脸笑容,"这位先生请你先放松""某某,请通知头等舱乘务员出现了紧急情况""这位先生,如果您方便请协助我们扶起这位生病的乘客"……刘树立事后一琢磨,该空姐在不到一分钟里连续做出了近10个形势判断并给出相应对策。又在3分钟内组织了两位乘务员,以及4位乘客把病人扶到了头等舱。与此同时,机舱内响起了"求救广播",不一会儿,两位乘客医生来到头等舱,在详细询问了病人的症状后,一名姓陈的乘客拿出了自己随身携带的胃药,10分钟后,刚刚还头冒冷汗的乘客脸色逐渐恢复了正常。刘树立注意到,在整个救护过程中,这位乘务长空姐始终面带微笑。

"她头脑冷静,思考全面,特别是笑解危局的从容,绝对超出了一般危机处理范畴。"时隔一月,刘树立还是难以忘怀。更令刘树立遗憾的是,在忙乱之中,他忘了问这位空姐的姓名,下机后,他又不慎将机票丢失,"希望通过贵报能尽快找到她,我们双星非常需要像她这样的人才。"刘树立诚恳地说。

讨论训练题：

（1）请指出案例中成都航空空姐是如何笑解危局的。

（2）本案例对你有哪些启示？

三、客舱销售对象分析训练

请对机上所有涉及的乘客进行心理和需求分析，并提出可以针对性销售的商品。

本章小结

1. 民航销售前的准备工作中，客舱销售职业素质包括自信心、意志力、诚信和执行力。

2. 在民航乘客中，老年乘客的心理特点主要是安全、舒适、对价格敏感，中青年乘客的心理特点主要是安全、新奇，商务乘客的心理特点是安全、对时间敏感，女性乘客的心理特点是安全、舒适和购买商品性价比高等。

思考与讨论

一、单项选择题

1. 海南航空对无成人陪伴儿童乘客运输的一般规定中，无成人陪伴儿童的年龄区间是几岁？（　　）

　　A．0岁以上　　　　　　　　B．0～2岁
　　C．2～10岁　　　　　　　　D．5～12岁

2. 海南航空对孕妇乘客运输的一般规定中，孕妇乘客一般孕期在几周以上航空公司是不允许承运的？（　　）

　　A．12周　　　　　　　　　　B．24周
　　C．32周　　　　　　　　　　D．36周

3. 下列不属于轮椅乘客的代码是（　　）。

　　A．WCHR　　　　　　　　　B．WCHS
　　C．WCHC　　　　　　　　　D．STCR

二、判断题

1. 孕妇乘客不需要向航空公司申请可直接购票上机。　　　　　　（　　）
2. 无成人陪伴儿童乘客的年龄是2周岁到12周岁。　　　　　　（　　）
3. 不论是何种轮椅乘客，航空公司都统一对待。　　　　　　　（　　）
4. 民航销售者遇到挫折时应该随时放弃，不能在一棵树上吊死。（　　）
5. 民航销售者不应唯利是图，应实事求是地销售给乘客所需要的商品。（　　）

三、简答题

1. 客舱销售乘务员的职业素质有哪些？
2. 试分析常见的几种客舱销售对象。

四、案例分析

一天的工作像往常一样开始了，民航销售部的职员小丽身着职业装端坐在柜台前，微笑地面对前来咨询的每位乘客，小丽业务知识熟练，面对乘客的问题有条不紊地回答，工作两年，小丽一直是同部门投诉率最低的员工，看来今年的年度最受乘客欢迎奖又非小丽莫属了。

反之，小明就是另一种情况，小明刚刚给乘客推销会员卡又遭到了拒绝，小明想不通自己一直以来就是按照公司的要求去做的，对乘客也是和颜悦色，可是为什么乘客就是不买账。小明陷入了迷茫：我是不是不适合销售岗位？我是不是应该尽早放弃？

思考：

1. 小丽在销售前是如何进行自我准备的？
2. 小明在销售中缺乏什么样的心态？如果是你，你会怎么做？

第三章　客舱销售过程中的技巧

学习目标

1. 掌握倾听的方法和原则
2. 熟悉顾客社交风格
3. 掌握与不同社交风格的顾客沟通的技巧
4. 理解非语言沟通的重要性

案例导入

用声音抒写"美丽"

民航资源网 2008 年 9 月 18 日消息：2008 年 9 月 10 日，四川航空股份有限公司呼叫中心（简称"8 个 8"）CRM 系统顺利上线，实现常客会员称呼服务、电话支付业务和投诉、建议等信息以工单形式自动传递到相关职能部门等功能，不仅提升了顾客的体验满意度，而且加速了乘客信息在公司内部的传递，从而使"8 个 8"服务质量更上台阶。

在很多人眼里，呼叫中心就是承担接听电话的简单工作，或许从下面的三个小故事里能让你感受到他们的不"简单"。

平凡的我们：快乐

一天下午，员工邓菁华接到一位乘客求助："我买的四川航班深圳回成都的机票，今天航班因为台风取消改到明天，我的回程航班是海南航空的成都至深圳，也想推迟一天。"邓菁华立刻查明相关信息，确认当天所有航班都因为天气原因取消。乘客后续航班是海南航空，改签需要手续费，为改签造成一定难度。不能让乘客久等，邓菁华赶紧和海南航空取得联系，协调航班改签一事。海南航空认为是四川航空原因取消航班，由四川航空自行解决。此时，邓菁华耐心和海南航空沟通，并把奥运期间确保乘客正常出行、航空公司做好保障工作等相关文件向他们传达。经过一段时间沟通协调后，海南航空承诺免费改签。当乘客得知这一消息后，连声感谢。

其实为每位乘客提供更方便、更快捷、更舒心的服务就是呼叫中心每位员工的职责。也许在大家看来这只是一件极为平凡的事，但更多的是大家从中得到了快乐。

忙碌的我们：拼搏

2008年，由于奥运会、残奥会的陆续开幕、闭幕，呼叫中心的电话量也相对增加许多。每天清早，接班后，每位员工就忙得不可开交，咨询的人多了，求助的人多了……一个电话接一个电话，有时候甚至连午饭也不能按时吃。9月3日，员工王富妮到了下班时间，正收拾东西，她四周看了下，每个人都在忙。她主动向值班经理申请加班，不仅仅是为了提高大家的效率，更是为了更多需要帮助的乘客。不到7点，本该晚上9点接替夜班的班组长张丽霞、张爱华也来了，他们不约而同地想到大家需要他们的支援，乘客需要他们的帮助。每个人都用行动提醒自己：秉着安全、快捷、方便的服务理念，全心全意地服务每位乘客——这是我们的责任。他们将带着奥运精神继续拼搏下去，履行好自己的职责。

热情的我们：暖心

一月中下旬以来，受雨雪恶劣天气的影响，全国大部分机场关闭，航班取消、延误现象十分严重，此时又正逢春运高峰期，这一突发现象给乘客的出行造成了很多不便。但因为有呼叫中心这么一个热情的团队，让乘客在寒冬中感受到温暖。

1月30日上午10点，从一通电话中传出一位先生愤怒的声音。钟先生购买了四川航空1月28日南昌飞成都的3U8928航班，受雪灾影响航班取消，钟先生滞留在南昌昌北国际机场三天，开始急躁不安。加之钟先生到成都是为参加2月2日女儿的婚礼，于是致电"8个8"要求无论如何31日必须到达成都。呼叫中心人员仔细倾听完乘客的叙述后，尽力安抚乘客急躁的情绪并耐心给乘客解释："对不起，由于天气原因，给您的出行带来了不便，敬请您谅解！感谢您对我们工作的支持。"虽然我们不能面对面地给乘客一些帮助，但我们也希望通过一些简单、贴心的话语给乘客一点安慰。待乘客情绪稍微稳定后，呼叫中心人员为乘客查询了1月31日南昌飞成都的航班，但当日航班已经没票。钟先生得知情况后，情绪又开始激动，呼叫中心人员一边安抚一边想办法。经过多方的沟通、协调，公司相关部门同意为乘客在该航班上做个申请，然后等待通知。等待的过程是漫长的，几个小时后终于传来好消息，因为有乘客退票，钟先生在第二天可以如愿乘坐该航班。

客舱里，乘务员用微笑表达温馨；在机场，地面服务人员用微笑彰显真诚；而"8个8"，用声音传递微笑，用声音抒写美丽。

（资料来源：民航资源网（节选）作者：李天）

第一节 客舱销售技巧

一、倾听技巧

案例导入

倾听的价值

古希腊哲学家阿那克西米尼晚年的时候声望很高，拥有上千名学生。一天，这位两鬓花白的老者蹒跚着走进课堂，手中捧着一摞厚厚的纸张。他对学生说："这堂课你们不要忙着记笔记，凡是认真听讲的人，课后我都会发一份笔记。一定要认真听讲，这堂课很有价值！"

学生们听到这番话，立刻放下手中的笔，专心听讲。但没过多久就有人自作聪明——反正课后老师要发笔记，又何必浪费时间去听讲呢？于是开起了小差。临近下课时，这些学生觉得并没听到什么至理名言，不禁怀疑起来：这不过是一堂普通的课，老师为什么说它很有价值呢？

课讲完了，阿那克西米尼将那摞纸一一发给每位学生。领到纸张后，学生们都惊叫起来："怎么是几张白纸呀！"阿那克西米尼笑着说："是的，我的确说过要发笔记，但我还说过请大家一定要认真听讲。如果你们刚才认真听讲了，那么请将在课堂上所听到的内容全部写在纸上，这不就等于我送你们笔记了嘛。至于那些没有认真听讲的人，我并没有答应要送他们笔记，所以只能送白纸！"

学生们无言以对。有人懊悔刚才听讲心不在焉，面对白纸不知该写什么；也有人快速地将所记住的内容写在白纸上。后来，只有一位学生几乎一字不落地写下了老师所讲的全部内容，他就是阿那克西米尼最得意的学生，日后成为古希腊著名哲学家的毕达哥拉斯。阿那克西米尼满意地把毕达哥拉斯的笔记贴在墙上，大声说："现在，大家还怀疑这堂课的价值吗？"

阿那克西米尼一贯主张，人生最大的财富是倾听。只有乐于并善于倾听，才可能成为知识的富翁，而那些不愿意倾听的人，其实是在拒绝接受财富，终将沦为知识的穷人。

（资料来源：小故事网）

1. 倾听的重要性

语言是人与人交流的最直接的方式。说话是表达自我、宣泄内心的一个途径，而倾听是接受对方的过程。可惜的是大多数人都喜欢说，但很少有人会听。一位心理学家曾说过，人跟人在讲话时，表面上是你一句我一句，好像是一个在说，一个在听，但真相是你在讲时我却没有在听，只是在想下一句我要怎么说。如果我们只把心用到自己如何去表达，那么我们就不懂倾听。

很多人常认为会谈就是"谈"，却忘掉最重要的"听"。研究表明，人类对沟通时间的分配是：9%的时间用于书写，16%的时间用于阅读，30%的时间用于说话，45%的时间用于听。充分利用"听"这45%的沟通时间，将大大提高沟通的效率。倾听在有效沟通中的作用不可小觑。德国企业家米哈·帕格尼科在他的《音乐、倾听与自由》一文中指出："我们认为，在商界学会倾听变得越来越重要。如果你能给人一个机会考虑真正想说的话，你就会获得事半功倍的效果。人很容易在视觉上被蒙蔽，但是如果你认真倾听，学会辨别'言外之意'，深入言谈内容的实质，就比较容易把握说话人所要表达的真正意思。"

2. 倾听的原则

1）专注性原则

专注性是倾听中首要的原则。在讲求效率的现代社会里，专注地倾听是一份特殊的礼物。真正有效的倾听需要销售者具备全身心关注顾客和避免各种干扰的能力，需要销售者在情感高度投入的同时，仍能相当平静从容。缺乏倾听会使顾客有失落感，妨碍了有效的沟通。销售过程中，销售者必须随着顾客的语言和非言语行为的变化，随时调整自己的言语与非言语行为，以同样的脚步跟随顾客，体现对顾客的尊重，从而促使销售的成功。

2）反应性原则

倾听中的反应是销售者和顾客互动的形式。倾听不是一种被动的活动，而是积极地对顾客传达的全部信息做出反应的过程。因此，不只是听，还需要给予适当的反应。恰当的反应既是为了向顾客传达销售者的倾听态度，鼓励顾客叙述、提出问题，拉近销售者与顾客的关系；也是为了打消顾客的疑虑，促进顾客对商品有更深入的了解。

3）有效性原则

良好的注意和及时的反应并不等于有效的倾听。许多销售者会表现出良好的关注，但倾听不足。在销售过程中，经验丰富的销售者能自动进行良好的目光接触，真诚地点头，用恰当的语气说话，甚至会用重复、关键词语来进行言语追踪，但实

际上并没有听到和记住对方所说的内容。只是心不在焉，自动地做出训练有素的技能反应。当然，这样的倾听是无效的，只会丧失与顾客之间真诚的互动和进行更深入交流的机会。

3．倾听的方法

1）养成良好的倾听态度和习惯

乔·吉拉德被誉为当今世界上最伟大的推销员，回忆往事时，他常念叨一则令其终生难忘的故事。在一次推销中，乔·吉拉德与顾客洽谈顺利，正当要签约成交时，对方却突然变卦。当天晚上，按照顾客留下的地址，乔·吉拉德找上门求教。顾客见他满脸真诚，就实话实说："你的失败是由于你没有自始至终听我讲话。就在我准备签约前，我提到我的独生子即将上大学，而且还提到他的运动成绩和他将来的抱负。我是以他为荣的，但是你当时却没有任何反应，而且还转过头去，用手机和别人讲话，我一恼就改变主意了！"此番话重重地提醒了乔·吉拉德，使他领悟到"听"的重要性，让他认识到如果不能自始至终倾听对方讲话的内容，认同顾客的心理感受，难免会失去自己的顾客。

倾听的态度和习惯比具体技巧更重要。许多人在社会生活中养成了愿意"说"而不愿意"听"的习惯，习惯"说"而不习惯"听"。人们"听话"的能力比"说话"的能力要差。有些人容易带着主观的评判倾向来听，倾向于将价值观或看法一致的人划分为潜在的朋友；有些人不善于过滤信息传递中的"噪音"，产生错误的理解，这些都会妨碍有效沟通的效果。在销售过程中要养成良好的倾听习惯。

2）设身处地地感受

销售者不但要听懂顾客通过言语、行为所表达的东西，还要听出弦外之音，听出顾客在交谈中所省略的和没有表达的内容。顾客将一些感受或者想法通过言语或者非言语形式传达给销售者，以便能够理解。至于顾客选择什么样的语言和动作，以及说话时的声调，会由顾客的目的、所处的环境、与销售者的亲密程度，以及年龄、教育背景、社会地位、文化背景和感情状况所决定。销售者要学会从顾客的角度出发考虑问题，想顾客之所想，发现顾客存在的疑虑，主动为其消除后顾之忧。

3）把握时机和随机应变

与顾客沟通的关键在于对词句话语意义的理解。如果只听内容，但错失了说话者重要的语调、体态、手势和面部表情所表达的意思，会导致误解、对时间的浪费和对消极情感的忽略。销售者不仅要关注顾客说话的内容，还要注意顾客的犹豫停顿、语调变化及伴随言语出现的各种表情、姿势、动作等，从而对言语做出更完整的判断。例如，顾客说感觉商品试用效果不好，可是说的时候却是点头的，目光留恋商品，说明顾客对商品是满意的，可能因为价格等原因还在犹豫。

4）锻炼及时、准确回应的能力

在销售过程中，销售者要对理解的信息做出适当的反馈，使信息交流循环往复地进行，没有反馈的倾听是不完整的，倾听不仅仅是耳朵能听到相应的声音，还需要通过言语和非语言来应对，给对方一种你很想听他说话的感觉。倾听是一种情感活动，在倾听时应该给对方充分的尊重、情感的关注和积极的回应。倾听不但要听清楚别人在讲什么，而且要给予别人好的感觉，必须心耳并用，既要两耳听内容，又要用心"听"情感。销售者可以运用言语或非言语的方式向顾客介绍更多的商品信息，包括点头、张开手、用"嗯"等肯定性短语，以及重复顾客讲话中的关键词等。当顾客发出模棱两可的提问时，可以采用"你的意思是……"或"你是说……"这样的问句回应，让顾客清楚地提问，不能不回应或者说"你说什么，听不懂"等。

4. 倾听应注意的问题

1）避免不耐心倾听

刚入门的销售者往往没有耐心充分地倾听，常被销售业绩等误导。在沟通的过程中，专注于介绍商品的性能，忽略了顾客的反应。倾听不充分，就不能对顾客的需求进行准确判断，因此，不能对顾客进行准确的针对性营销，最终导致销售活动的失败。

2）避免轻视顾客问题

一些销售者感觉顾客提出的问题属于多虑，对问题不够重视。作为销售者，应当对顾客表示理解，对顾客提出的问题给予耐心解答，让顾客感受到销售者给予的尊重。如果是价格问题，可以在自己的权限范围内，给予一定的优惠。

3）避免以自我为中心

部分销售者在进行倾听时，过多地关注自己。在顾客咨询过程中过多无关动作等"噪声"会对顾客产生干扰，或不耐心倾听顾客讲述而谈商品物美价廉。只是以销售为目的，对顾客的感受和想法漠不关心。销售者应以顾客为中心，围绕顾客开展销售工作，充分考虑顾客的需求，这样才能促进销售活动的进行。

二、展示技巧

| 案例导入 |

成功的销售展示

某省邮电管理局准备上线一个计费的项目，有多个厂家来投标，几家公司提供的产品都差不多。

投标时间安排得非常紧张，几个厂家介绍完，顾客就开始打呵欠，一点精神都没有了。最后一天是一个礼拜六，顾客都懒洋洋的，很多人就想偷偷跑掉，这时来了一个厂家的女代表。她往台上一站，先用目光扫视全场，用目光与大家交流：我都站在这里了，你们还不听我讲话？结果顾客们就开始注意她，会场瞬间静下来。她一口气介绍了三个小时，结果顾客的情绪完全被调动了。有的人高兴，有的人发愁，高兴的是认为找到了办法，发愁的是认为发现了问题。等结束的时候，顾客们竟然忘记了鼓掌，内容太精彩了。等顾客们反应过来后，给予的是热烈的掌声。随后，顾客们就针对这个女代表介绍的数据库产品进行了评估，当场拍板确定了 50 万元的订单。

为什么顾客会当场为 50 万元的订单拍板呢？这个公司不仅关心顾客的产品，还关心顾客的需求。50 万元的需求，一定是一个迫在眉睫的问题，如果不是有非常大的压力，不会花 50 万元来解决。所以她不仅给出了一个产品，还给出了一套解决方案。她的介绍非常专业，首先提出问题，让每个顾客都很发愁，再让顾客想办法，然后她又一步一步地把解决方案呈现在顾客面前，顾客觉得这就是我要的产品、我要的方案。

有的人虽然头脑不是一流的，但具备一流的口才，这样的人所取得的成就，往往会超过那些很有能力、但不善于表达自己的人。所以，推销展示技巧是一个非常重要的技能。

（资料来源：百度文库）

1. 销售展示的重要性

销售展示是让顾客了解商品的过程。顾客的购买行为往往出于某种目的，销售展示的目的就是让顾客了解所售商品是否是他们所需要的。这个过程是顾客是否购买商品的关键。一般来说，只有商品符合顾客需求的时候，才会发生购买行为。因此，销售展示要以顾客为中心，以顾客需求为导向，以商品性能为出发点，结合顾客的反应开展。

商品的质量、性能非常重要，销售展示的重要性也不可忽视。只有通过销售展示才能使顾客详尽地了解商品的优点。销售者要充分认识到销售展示的重要性，熟悉商品性能，在销售实践中不断探索，提升自身销售展示技能，形成自己的销售展示特色和方式。

2. 销售展示的技巧

1) 尊重顾客需求

FABE 推销法是非常典型的利益推销法，由美国俄克拉荷马大学企业管理学博士、台湾中兴大学商学院院长郭昆漠总结出来。F 代表特征（Features），商品的特质、特性等，以及它是怎样满足我们的各种需求的；A 代表优点（Advantages），向顾客证明"购买的理由"，与同类商品相比，有哪些优势，或商品独特的地方；B 代表（Benefits），商品能给顾客带来的利益；E 代表证据（Evidence），包括技术报告、顾客来信、报刊文章、照片、示范等，通过现场演示、相关证明文件、品牌效应来印证以上一系列介绍。

杰弗里·吉特默在《销售圣经》一书中，对于销售者如何做好商品销售展示，总结了四点有关 FABE 推销法的启示。第一，人们基于自己的理由而非你的理由进行购买。所以，要首先找出他们的理由。这句话的意思是在销售展示中，销售者首先要找出顾客问题点、关注点及兴趣点；第二，人们不喜欢推销，但喜欢购买。"他们为什么购买"远比"如何销售"更为重要。这句话的意思是销售者要关注顾客的购买需求；第三，人们想知道的是如何实现生产、获利和成功，而不是你的一通废话。这句话的意思是顾客要的不是商品本身的优点，而是商品的优点能给他带来什么样的利益点、能解决什么问题；第四，人们不会关心你做什么，除非他们认为你的商品会对他们有帮助。这句话同样在强调作为销售者，一定要使商品符合顾客的利益点。

案例拓展

一张银行金卡的销售之道

银行销售者："先生，近期银行金卡搞活动，您是否想办一张？"

王先生："办了金卡有什么好处？"

银行销售者："金卡象征着品位，办了金卡可以提高身份和地位。"

王先生："我的身份不需要有金卡，另外我也不喜欢显示身份。"

银行销售者："金卡的异地存取款可以减免手续费。"

王先生："在异地我从来不带现金，只用信用卡消费，差旅都是由顾客报销的，自己不需要报销。"

银行销售者："普通的银行储蓄卡没有消费额度，而金卡有三万的消费额度，可以超前消费，您看怎么样？"

> 王先生："我消费很保守，有多少钱花多少钱，金卡的这些优点都不错，但是我不需要。"
>
> 银行销售者："金卡用户是我们的 VIP 顾客，可以在任何一个窗口不用排队直接办理手续，非常方便、节约时间。"
>
> 王先生："我平时很忙、时间宝贵，这个优点很适合我，我打算办一张。"
>
> 在这则案例中，银行销售者最终之所以能说服王先生办理金卡，原因在于金卡的 VIP 功能满足了王先生节约时间的需求。如果销售者没有强调这一点，只是在透支额度、身份象征等方面喋喋不休，就不会达到销售目的了。
>
> （资料来源：百度文库 http://wenku.baidu.com/）

2）重视商品性能和优势转化

上述案例告诉我们：销售者陈述商品的特性、功能是站在卖家的角度；陈述商品的价值、利益点，是站在顾客的角度。只有站在买家的角度陈述商品的价值、利益点，才能达到销售目的，才能实现买卖双方的利益共赢。将商品性能和优点转换为利益点的前提，是对商品足够熟悉并且成功挖掘出顾客的需求。

在营销上，有句话叫作"认知大于事实"，一个商品具有再高、再好的价值，如果顾客不知道、不认同，那么所有这些价值，都不能为其增值。所以，我们常说，不要只是告诉顾客商品的功能，还要明确告诉他们商品的功效。这个功效就是商品能带给顾客的好处。只有好处才是顾客真正关心的，才能够成为打动他们的利益点，在情感上满足他们的需求，唤醒他们内在的消费冲动。我们只有把商品的功能、价值变成顾客的利益点，让顾客了解我们的商品能为他们带来什么，才有可能吸引他们，也才有可能提高商品的附加值，并将商品的价值切切实实地转化为品牌的优势。

3）观察顾客反应和消除疑虑

销售者介绍商品时，每个顾客都会对商品心存疑虑。他们担心的问题可能是客观存在的，也有可能是顾客的心理作用导致的。无论是什么原因，销售者在处理顾客疑虑时，都必须认真对待，采取主动的方式，及时发现顾客的疑虑，并请顾客讲出来，把销售中的这种障碍当成向顾客提供更多信息的机会，从而使顾客消除疑虑，愿意购买商品。每位销售者都不能忽视这个问题，不能一味地只求销售成功，应把解决顾客问题作为一项重要内容来看待。

顾客犹豫不定、表示反对时，有两种可能，一是还没拿定主意，二是希望销售者能给出说服自己的商品优势。因此，作为销售者，一定要学会从顾客的反对意见中迅速抓取顾客的真实心理并及时做出回应，处理好反对意见。请顾客参与商品演示和鉴别，不要刻意掩饰商品的缺陷，也不要对顾客的负面评论火上浇油。如果顾客的疑虑是事实，不妨直说："我也听到了别人这么说。"接着，请顾客自己重新演示和鉴别商品的好坏，帮助其对商品进行比较，从而消除他们的疑虑和困惑。如果顾客认为商品的特性不符合自己的需求，要多列出商品的功能，或许其中一点就是顾客需要的。不要因为顾客的反对意见而灰心丧气，错失销售良机。

3. 销售展示的基本步骤

1）做好销售展示准备工作

"凡事预则立，不预则废。"做好销售前的准备工作，对于销售者尤为重要。若不做任何准备，就会在顾客的质疑中轻易败下阵来。销售者可以从以下两方面着手准备。

第一，熟悉商品及配套政策和系统。

销售者首先要熟悉自己的商品，了解与竞争者商品之间的区别。以客票销售者为例，客票销售者要知道客票的价格；了解公司客票销售相关优惠政策，如里程附加等；掌握公司退票、改签的费率；能够熟悉操作订座系统和离港系统等。另外，要熟悉客票附加商品，如延误险、贵宾室休息服务等。最后，还要了解竞争者的客票政策，熟悉公司商品的优势，是票价比较低还是机上服务比较完善，或是接机服务比较到位等。如果对公司商品足够熟悉，用公司着重打造的新商品、新的优惠政策去吸引顾客，会得到意想不到的收获。

第二，预想顾客疑虑并制定解答方案。

销售者可以提前想象一下销售展示的场景，预想顾客可能提到的问题，并搜集一些顾客疑虑，如商品或服务上存在的缺陷等，为每种疑虑都准备好最有力的回答和一套切实可行的解决方案。例如，顾客对机上的免税化妆品的真假存在疑虑，销售者可以提供商品查伪方式；可以提前准备官方网站的价格截图以消除顾客对商品价格的疑问。

2）激发和引导顾客需求

很多销售者花费大量的时间学习如何消除顾客的拒绝行为，但发现顾客的拒绝行为越来越多。大部分原因是顾客根本不想购买商品，他对商品的需求还没有产生。对于销售者来说，遇到的顾客大都是没有明确需求的顾客。所以，引导和激发顾客让其需求从潜在的变成明确的，这对销售者来说是个挑战。

顾客产生了明确的需求后，并不表明顾客清楚地知道自己需要什么；一些顾客清楚地知道想要什么，却并不一定清楚什么商品对自己是最合适的。例如，在机上销售面膜时，一个顾客讲"我刚好需要一盒面膜"，表达的是明确的需求。但到底需要什么样的面膜，机上推销的这款面膜是不是最适合她，这点她并不一定知道。所以，机上销售者，当遇到对自己的需求并不清楚的顾客时，可以利用自己对商品的了解，帮助顾客做出正确的选择。

3）叙述商品的功能和特点

叙述商品的功能和特点是为了让顾客对商品有所了解。只有了解了商品信息，顾客才能根据自身需求做出是否购买的判断。商品的功能就是此商品能为顾客提供什么样的服务，会达到什么样的效果。商品的特点就是此商品和同类商品相比较所存在的优势或不同。以能作为面霜的防晒霜为例，其功能为防晒，其特点为既可以作为防晒霜也可以作为面霜。

4）说明商品价值和利益点

顾客最终购买的是商品的价值，是商品能够给其带来的利益点。在销售展示过程中，要让顾客明白商品能够给其带来的真切的优惠。销售者要知道功能与价值的区别，价值侧重能给顾客带来什么。例如，一款牙膏具有美白、防蛀的功能，但它的这些功能能给顾客带来什么呢？当然是一口洁白、健康的好牙。这才是打动顾客的利益点。

5）提供材料或实物指证

在销售过程中，一些顾客可能会对销售者介绍的内容心存疑虑。当顾客犹豫不决时，销售者可以拿出以往本商品销售的业绩，说明本商品非常受欢迎，销售量较佳等。当然，在条件允许的情况下，也可以通过让顾客试用的形式让其感受商品的效果。以此增强说服力，打消顾客疑虑，突破最后一道防线。

第二节　客舱营销沟通

案例导入

小公主的愿望

一个小公主生病了，她娇憨地告诉国王，如果她能拥有月亮，病就会好。国王立刻召集全国的聪明智士，要他们想办法得到月亮。

大臣说："它远在三万五千里外，比公主的房间还大，而且是由融化的铜做成的。"

魔法师说："它有十五万里远，是用绿奶酪做的，而且整整是皇宫的两倍大。"

数学家说："月亮远在三万里外，又圆又扁像个钱币，有半个王国大，还被黏在天上，不可能有人能拿下它。"

国王又烦又气，只好叫宫廷小丑来弹琴给他解闷。小丑问明一切后，得到了一个结论：如果这些有学问的人说的都对，那么月亮的大小一定和每个人想的一样大、一样远。所以当务之急便是要弄清楚小公主心中的月亮到底有多大多远。于是，小丑到公主房里探望公主,并顺口问公主:"月亮有多大?""大概比我拇指的指甲小一点吧!因为我只要把拇指的指甲对着月亮就可以把它遮住了。"公主说。

"那么有多远呢?""不会比窗外的那棵树高!因为有时候它会卡在树梢上。""用什么做的呢?""当然是金子!"公主斩钉截铁地回答。

比拇指指甲还要小、比树还要矮、用金子做的月亮当然容易拿啦!小丑立刻找金匠打了个小月亮穿上金链子,给公主作项链,公主好高兴,第二天病就好了。

人们较少关注顾客的真实需求,完全按照自己的意愿做事情,不论多么努力,效果总是不好,而沟通才是掌握顾客的心理的最好办法。

(来源:网址 http://www.xuexila.com/)

一、社交风格

1. 社交风格的分类

社交风格是由美国杨百翰大学知名教授戴维·麦立尔研究并提出的理论。社交风格从两个维度——果断性和反应性出发,将人的社交风格分为四类:分析型、平易型、驾驭型和表现型。果断性代表一个社会个体试图影响他人思想与行为的程度,果断性较高的人通常喜爱竞争和冒险,倾向于"告诉"别人应该做什么、怎么做;反应性代表一个人与人接触时表达情绪的程度,反应性较高的人易于情绪化,在与人交往时不拘形式,热情并倾向于以自我的方式表达感情。社交风格的分类如图 3-1 所示

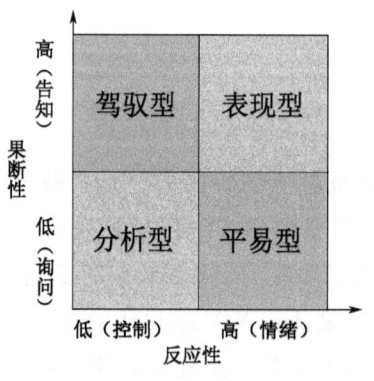

图 3-1 社交风格的分类

1)分析型

分析型的人喜欢做事有规律与有条理,厌恶素质不高的人,喜欢单枪匹马行动。这类人在与人交往的过程中沉默寡言,不表露自我情感,动作小、节奏慢,面部表

情单一。优点为做事井井有条、精确透彻、分析仔细、有交际手段且喜好分析;但缺点是过分挑剔、拘泥小节、过分小心、容易悲观、不善于与人合作、对批评过于敏感。

2) 平易型

平易型也称为友善型。这种类型的人具有协作精神,支持他人,喜欢与人合作并常常助人为乐;富有同情心,擅长外交,对人真诚,对朋友忠诚;为了搞好人际关系,不惜牺牲自己的时间与精力,珍视已拥有的东西。这种类型的人做事非常有耐心,言语和行事都比较小心。但他们经常会扮演和事佬的角色,对于敏感问题,往往采取回避的态度。

3) 驾驭型

驾驭型也称为主导型。具有这种社交风格的人比较注重实效,具有非常明确的目标与个人愿望,并且不达目的誓不罢休;当机立断,独立而坦率,常常会根据情境的变化而改变自己的决定,往往以事为中心,要求对方具有一定的专业水准和深度。在相处的过程中,这类人会表现得精力旺盛、节奏迅速、说话直截了当、动作非常有力、表情严肃等,但是有时过于直率而显得咄咄逼人,可能会忽略他人的情感;凡事从始至终参与,不愿做出让步,缺乏弹性。

4) 表现型

表现型也称为张扬型。具有这种社交风格的人显得外向、热情、生气勃勃、魅力四射;干劲十足,不断进取,总喜欢与人打交道并愿意与人合作;具有丰富的想象力,对未来充满憧憬与幻想,也会将自己的热情感染给他人;富有情趣,肢体动作多,工作节奏快,善于传情达意。但是往往情绪波动大,易陷入情绪旋涡,可能会给自己及对方带来麻烦。

2. 与不同社交风格顾客沟通的策略

顾客的社交风格往往反映顾客的偏好。了解顾客的社交风格有助于投其所好,以让顾客感到舒服的方式与其交往,最终赢得顾客的信赖。

1) 与分析型顾客沟通的策略

分析型顾客喜欢思考,注重事实和过程。做决策时,善于从全局考虑问题,比较谨慎;但通常比较冷淡,不太善于言谈和交际,喜欢沉默和思考问题。对待此类社交风格的顾客,必须做充分的准备,陈述观点时必须有事实或数据作为支持;注意陈述速度不要过快,保持温和的态度;交谈过程中尽量不要分散顾客的注意力,提出问题时不要急于得到答案。

2）与平易型顾客沟通的策略

平易型顾客比较易于相处，通常会当面表现友好和合作的态度，但实际上易受"购买者懊悔心理"的影响，容易改变决定。与平易型顾客接触时，陈述过程中语速要慢，要花时间与其交谈，以引起他们对商品或服务的兴趣，并使其认为商品或服务很重要。对待平易型顾客必须要花时间与其建立私人关系，销售时可用许诺让他们感到舒服，最好能让顾客当场做出决策。

3）与驾驭型顾客沟通的策略

驾驭型顾客喜欢控制别人，谈话通常直奔主题，直截了当；喜欢谈论结果，谈话中完全按照自己的意愿，态度认真、说话直接。对待此类社交风格的顾客，必须详细说明购买商品或服务的合理性，用事实或数据说明商品的可靠性，并用简洁的语言对商品进行生动的描述。

4）与表现型顾客沟通的策略

表现型顾客有强烈的表现欲，通常用大量的肢体语言和面部表情表达思想；善于交际，喜欢滔滔不绝地讲那些自认为很重要的事情。与表现型顾客交往时，要努力做一名好听众，不时用点头、微笑对其谈话做出回应，表现出对谈话内容很感兴趣，并肯定他们的想法；销售时对商品或服务的特性做快速的陈述，与其讨论将如何满足他们的需求，以及商品或服务可能给其带来的利益。

二、语言沟通

语言沟通如图 3-2 所示。

图 3-2 语言沟通（来源：百度图库）

1. 与顾客进行语言沟通的原则

1) 顾全顾客的面子，勿逞口舌之快

真正的沟通技巧，不是与顾客争辩，而是让顾客接受你的观点。要想说服顾客，就应该顾全顾客的面子，不要一语点破，要给顾客下台阶的机会。逞一时的口舌之快，虽然会获得短暂胜利的快感，但是绝对不可能说服顾客，只会增加销售工作的难度。与顾客沟通时，不要摆出盛气凌人的样子，对待顾客要有足够的耐心，要注意说话的态度和措辞。

2) 切忌"卖弄"专业术语

很多人对于民航的专业术语不了解，在理解时可能存在偏差。那么，在向顾客说明专业性用语时，最好的办法就是用简单的例子来说明，让顾客容易理解和接受。以"机票儿童票票价"为例，儿童票票价为正常公布直达运价的 50%，那么什么是正常公布直达运价呢？就是经济舱全票价，这样说明顾客可能听不明白，这时，可以以 4 折票票价为例，如果 4 折票票价为 400 元，那么经济舱全票价则为 400 除以 0.4，即为 1 000 元。这样顾客就会明白儿童票票价怎样计算了。

3) 维护公司的形象和利益

在一定程度上，销售者代表公司形象，除要注意自身穿着外，还要注意使用礼貌用语。此外，在语言沟通时，尽量不要向顾客传递公司的负面信息，如对公司的抱怨等。顾客会认为，一个企业如果得不到员工的信赖，其商品也不值得信任，这不利于销售工作的进行。维护公司的合法利益是每位员工应该做的，在与顾客沟通时，不能以损害公司利益为代价，博取顾客的欢心，更不能损害他人的利益。

2. 语言沟通技巧

1) 接待技巧

顾客走向值机柜台或走到客票代理点时，工作人员应点头微笑，问一声"你好！"，这是接待顾客的第一表现。这时眼睛要注视顾客，使他感到自己受到重视，没有被冷落的感觉。销售者然后礼貌地问一声，"请问您需要什么帮助？"，不要硬生生地说一句"订到哪的票"，顾客到值机柜台并不一定是买票，也有可能是办理退票手续。"订到哪的票"这类生硬的问话往往一下子就把交际双方置于单纯的买卖关系中，潜台词则是"不订票来干什么？"，不利于营造良好的销售氛围。

2) 询问技巧

顾客走向值机柜台或走到客票代理点时，工作人员应首先与顾客打招呼，这是礼貌待客的具体表现，应大力提倡。但是，往往存在一些特殊情况，主动问话反而引起顾客的反感，如顾客走进时手机铃声响起，正在接电话，这时就需要等顾客通话结束后再询问。

第一,掌握询问时机,恰当使用文明用语。

机上销售时,当顾客在展示品前停留时,当顾客长时间注视推销的商品时,当顾客试用机上销售的化妆品并与他人讨论时,都是销售者向顾客询问的好时机。销售者的语言一定要文明、礼貌、诚恳、亲切,使用恰当的称呼说第一句话,如"先生/女士/阿姨/叔叔,您需要什么帮助?"。

第二,巧妙地使用转化语,变被动为主动。

在机上销售免税化妆品时,若顾客冲销售者喊:"小姐,把化妆品拿过来让我看看。"销售者可以问:"您是干性皮肤还是油性皮肤?"这句问话就属于转化语,由被动答话转为主动问话,可为整个服务过程的顺利进行奠定基础。如果顾客打算购买商品作为礼物,这时销售者应询问一些关于使用者的信息,以这些信息为切入点介绍商品功能,说明商品符合顾客需求。

第三,灵活机动,随机应变。

销售者向顾客问话不能死盯住"先生,您买不买?""女士,您打算要几套?",问话的内容要随机应变。首先,销售者要针对顾客的年龄、性别、职业等特点来灵活地决定问话的内容,这种主动性问话,能消除顾客的疑虑,有时也能迅速地了解顾客的来意,为下一步的服务提供依据;其次,销售者要根据顾客的动作和姿态来灵活地掌握问话的方式和内容。例如,当顾客在试用机上销售的乳液时,销售者便可主动回答"这款乳液很补水,容易被皮肤吸收,会使皮肤感觉很清爽"等,掌握服务的主动性。

3. 回答技巧

回答技巧主要是指针对顾客对商品提出的疑问,销售者所做的解释说明的技巧,其主要目的是说服顾客购买,却又不能露出"说服"的痕迹,这就要求销售者以语言提高顾客兴趣,化解其疑虑,最终使顾客购买。

1)迂回技巧

在与顾客沟通时销售者需要养成一个良好的习惯,不管对方说了多么令人难以接受的话,销售者都要很诚恳地说"对",认真地指出顾客的话可以成立的依据,然后延展开,讲自己的看法。销售者应先认可对方,再讲出自己的意见,沟通氛围会好很多;对顾客提出的疑问,有时不便直接回答,特别是顾客对购买产生"异议"时,更不宜"针锋相对",此时采取迂回曲折的方法从侧面进攻,可能会收到事半功倍的效果。

在反驳过程中恰当使用"三明治效应"。在批评心理学中,人们把批评的内容夹

在两种表扬之中，从而使受批评者愉快地接受批评的现象，称为"三明治效应"。这种现象就如三明治，第一层总是认同、赏识、肯定对方的优点或积极面；中间这一层夹着建议、批评或不同观点；第三层总是鼓励、希望、信任、支持和帮助。这种批评法，不仅不会挫伤受批评者的自尊心和积极性，而且还会使其积极地接受批评，并改正自己的缺点和不足。

2）变换句式技巧

以机上销售面膜为例，当顾客认为面膜价格太高时，销售者对这一问题有两种回答方法，一种是"这款面膜虽然价格稍高了一点，但美白、补水效果很好"，另一种是"这款面膜美白、补水效果较好，但价格太高了"。这两句话虽然只是前后顺序颠倒了一下，但给人的印象却完全不同。前一种说法会使顾客感到这款面膜效果好，即使价格高也值得购买；而后一种说法，则会使顾客感到这款面膜太贵，买了不合算，因而会大大减弱购买欲望。因此，向顾客推荐价钱高的商品时，先说商品的缺点是价格高，再说商品的优点，这样可以突出后者，让顾客感觉物有所值。

3）多用请求式和肯定式，少用命令式和否定式

请求式的语言是以尊重顾客为前提，将自己的意志以征求对方意见的形式表达出来，使顾客感到亲切，从而乐意接受；而命令式语言是以顾客必须服从为前提，强迫对方的一种行为。当顾客提出销售者无法答应的要求时，如要求退掉已购买的 3 折客票，如果销售者直截了当地说"不行"，就会使顾客感到不愉快。但如果销售者说："对不起，请您原谅本公司规定 3 折客票不能办理退改签"，用和蔼的请求口吻既拒绝了顾客不适当的要求，又不至于使顾客感到不愉快。

肯定式是在肯定顾客陈述的基础上提出自己的意见，肯定式的回答方法，可给顾客亲切、可信的感觉，容易被顾客接受；否定式是在否定顾客陈述的基础上提出自己的意见，会使顾客产生一种被轻视的感觉，从而不愿意接受。例如，当顾客问："这款围巾有蓝色的吗？"销售者回答："没有。"这就是否定式。如果销售者换句话说："是的，眼下只剩皮粉色，皮粉色显气色，您佩戴起来一定很漂亮。"这就换成了肯定式。

三、非语言沟通

| 案例导入 |

神奇的"警察"——肢体语言

在奥地利，一对男女朋友在海边散步时，女子将他的男朋友打成重度昏迷后向警察局报案，说有人抢劫。警察在盘问她时，她的回答合情合理、天衣无缝。但这

时一位有经验的警察,在问了一些需要回忆的问题后,突然问:

"打你男友的人是开车走的吗?"

这个女子说"是"。

警察又问:"他是开车走的吗?"

她说"是"。

警察又问:"车是什么颜色的?"

这个女人就在想该说什么颜色的车才不会被看出漏洞,她这样一想,眼睛就不由地向左看了几眼。警察马上就断定她有重大嫌疑,依据:人在进行逻辑分析的时候,是左脑在动,目光会往左看。警察开始询问的问题,都只是需要回忆的问题,当换了问题后,这个女子必然要通过逻辑分析来回答,所以目光就会改变,被警察觉察出来。

人和人之间的沟通,很大一部分来自肢体语言,其次是声调和声音。因此,在销售过程中非语言沟通方式的运用极其重要。

(资料来源:百度文库)

1. 非语言沟通的重要性

非语言沟通是不使用语言、文字的沟通,是伴随着语言沟通所发生的一些非语言性的表达方式和行为,包括面部表情、身体姿势、语气、语调、手势、眼神的流露、空间距离等。非语言沟通面部表情如图3-3所示。

图3-3 非语言沟通面部表情(来源:百度图库)

一般认为，沟通是内容和形式的统一。通俗地讲，就是"说什么"和"怎么说"。有时候，人们要表达某种意愿时，"怎么说"比"说什么"更重要。这里所指的"怎么说"并不仅仅是怎么组织语言或使用什么修辞方法来表达自己的意思等，还包括语言、行为的搭配和补充。同样，在听到别人对自己提出意见时，不仅要注意对方"说什么"，更要注意对方在表达时的表情和表达方式。正如美国社会心理学家拉莫宾的研究所显示的：人们在进行信息传递的过程中，语言的作用占7%，语调语速的作用占38%，表情和动作的作用占55%，可见非语言沟通的重要性。

2. 非语言沟通的特点

1）普遍性

非语言沟通能力是人的一种本能。在沟通过程中，非语言符号普遍存在。

2）无意识性

人的非语言行为更多的是一种对外界刺激的直接反应，基本都是无意识的反应。例如，与自己讨厌的人站在一起时，保持的距离比与自己喜欢的人要远些；不开心时，不自觉地就给人一种郁郁寡欢的感觉。

3）可信性

由于语言信息受理性意识的控制，容易作假，肢体语言则不同，肢体语言大都发自内心深处，极难压抑和掩盖。非语言行为多是无意识的反应，因此具有可信性。根据英国心理学家米歇尔·阿盖依尔等人的研究，当语言信号与非语言信号所代表的意义不一样时，人们相信非语言信号所代表的意义。例如，当某人说他不冷的时候，他的手却在发抖，那么我们更相信他非常冷。

4）个性化

人的肢体语言与人的性格、气质是紧密相关的，爽朗敏捷的人同内向稳重的人的手势和表情肯定是有明显差异的。每个人都有自己独特的肢体语言，它体现个体的个性特征，人们可以通过一个人的行为表现来解读他的个性。

5）规范性

不同的民族都有各自不同的文化、历史背景及风俗习惯，这种不同的文化、历史背景、风俗习惯造就了其特有的非语言沟通的行为和方式。一个社会群体或一个民族受到特定传统观念的影响，长期以来会对非语言沟通产生社会认同。这就是非语言行为的规范性。

6）情境性

非语言沟通展开于特定的情境中，情境左右非语言行为的含义。相同的非语言行为，在不同的情境中，会有不同的意义。同样是拍桌子，可能是"拍案而起"，表示怒不可遏；也可能是"拍案叫绝"，表示赞赏至极。善于将非语言行为与真实背景环境联系起来的人，才能将非语言沟通运用得准确、适当。

3. 非语言沟通的技巧

1) 目光的转换

第一，不同目光注视的含义。

目光交流在人际交往中起重要作用。人们相互间的信息交流，总是以目光交流为起点。目光交流发挥着信息传递的重要作用，故有"眉目传情"之说。目光接触和面部表情提供重要的情感信息，人们或许并没有下意识地这样做，但彼此的眼睛会表露正面或负面的情绪。

可以从注视的方向、部位、时间、视线交流的角度来了解一个人的眼睛的神态语言。眼睛直视意味着咄咄逼人和侵犯；视线回避包含心理拒绝。当一个人在说话的时候，如果他的眼神投向你，则说明他很尊重你，对你很真诚，但是，如果他长时间地盯着你说话，则是一种不礼貌的行为，有向你挑衅的意思；如果他自始至终都不看你一眼，则说明他看不起你，对你不感兴趣、完全不把你放在眼里，甚至鄙视你；如果他的眼神有意地左右扫视了一下，则证明他对你有别的暗示，或者迫于当时的场合不方便讲出来，你要想领会对方的真实意图，就必须过后再单独和他交谈一次；如果他故意把视线放到别处，故意躲闪你的目光，每逢和你的目光相遇时，都匆匆地移开，则说明他有问题，不是心里愧疚就是做了什么愧对于你的事情，要不就是他在撒谎，他正说的话纯粹是胡话。

第二，如何正确使用目光交流。

（1）接纳法：当你注视对方，对方向你微笑时，表示对方理解并接纳你；反之，当对方面部无反应或回避你的视线时，表示拒绝接近或者暗示现在不是相互了解的时候。

（2）恋视法：恋视常传递诚挚、热烈的爱慕之情。这种方法是以爱慕、敬仰、温柔、友善的目光来注视对方的。假如对方以同样的目光注视你，你可以报以微笑，表示相互理解；假如对方立即回避你的目光，你也别忙于回避，因为有些暂时的回避，是一种"投石问路"，试探你是不是真情。

（3）回视法：即转身注视。常用于恋视情景中，多次回视表示留恋、真诚；也可以表示疑惑不解、不懂等，依据情景不同回视表示不同的意思。

（4）目光确认法：当你的回答需要得到对方的肯定时，可以通过目光交流，让对方给予肯定的回复。

在销售活动中，听者应看着讲话者，表示关注；而讲话者不宜再迎视对方的目光,除非两人关系已密切到可直接"以目传情"。讲话者说完最后一句话时,才将目光移到对方的眼睛上。这表示一种询问"你认为我说的话对吗?"或者暗示对方"现在该轮到你讲了"。在日常生活中我们能观察到,往往主动者更多地注视对方,而被动者较少迎视对方的目光。销售者与顾客对视时,应勇敢地迎接顾客的目光,不论这种目光表达的信息是肯定、赞许,还是疑惑和不满。通常认为,顾客双眼与嘴部之间的三角部位是销售者停留视线的最佳位置,这样可以向顾客传达礼貌和友好的信息。勇敢地与顾客对视,这固然可以体现销售者的自信和热情,但是也需要掌握一定的度,这里主要是指注视的时间要保持一定的度:时间太短,顾客会认为销售者对这次谈话没有太大兴趣;时间太长,顾客又会感到不自在。

2)合适的衣着

美国有位营销专家做过一个实验,他以不同的打扮出现在同一地点。当他身穿西服以绅士模样出现时,无论是向他问路或问时间的人,大多彬彬有礼,当他打扮成无业游民时,接近他的多半是流浪汉,或是找打火机、借烟的。同样一个人,穿着打扮不同,给人留下的印象也完全不同,对交往对象也会产生不同的影响。

意大利影星索菲亚·罗兰说:"你的衣服往往表明你是哪种类型的人,它代表你的个性,一个与你会面的人往往自觉地根据你的衣着来判断你的为人。"在销售交往中,人们总是恰当地选择与环境、场合和对手相称的服装衣着。可以说衣着是销售者"自我形象"的延伸扩展。销售展示如图 3-4 所示。

图 3-4 销售展示(来源:百度图库)

3)得体的动作

如果销售者在销售过程中想给对方一个良好的印象,那么应该重视与对方见面的姿态、表现,如果和人见面时耷拉着脑袋、无精打采,对方就会猜想也许自己不受欢迎；如果不正视对方、左顾右盼，对方就可能怀疑你是否有销售诚意。

肢体动作在人际沟通中占有非常重要的地位，如点头、摇头、摆手、耸肩、拍肩膀、竖大拇指等，可以不由自主地显示内心的情绪状态和感受。人的思想感情会从肢体动作中反映出来，略微倾向于对方，表示热情和兴趣；微微起身，表示谦恭有礼；身体后仰，显得若无其事和轻视；侧转身子，表示厌恶和轻蔑；背朝人家，表示不屑理睬；拂袖离去，则是拒绝交往的表示。销售者的肢体动作会流露出他的态度。身体各部分肌肉如果绷得紧紧的，可能是内心紧张、拘谨。

4）恰当地运用语调

有一次，意大利著名悲剧影星罗西应邀参加一个欢迎外宾的宴会。席间，许多客人请求他表演一段悲剧，于是他用意大利语念了一段"台词"，尽管客人听不懂他的"台词"内容，然而他那动情的语调和表情，凄凉、悲怆，使大家不由地流下同情的泪水。可一位意大利人却忍俊不禁，跑出会场大笑不止。原来，这位悲剧明星念的根本不是什么台词，而是宴席上的菜单。

恰当、自然地运用声调是销售成功的条件。一般情况下，柔和的声调表示坦率和友善，在激动时自然会有颤抖，表示同情时略为低沉。不管说什么话，阴阳怪气就显得冷嘲热讽；用鼻音哼声往往表现傲慢、冷漠、恼怒和鄙视，是缺乏诚意的，会引起人不快。

5）真诚的微笑

人类的感情或欲望，在无意中会形成身体行为的变化而表现出来。相对目光而言，表情是更容易辨别对方心情、态度的线索。销售过程中，销售者可以通过顾客的表情识别其对商品肯定与否定、积极与消极、接纳与拒绝等态度。人们内心的喜、怒、哀、乐、惊、恐、悲，都可以通过面部肌肉有意或无意地呈现出来。在销售过程中，销售者在观察顾客表情时，也要把握自身面部表情的表达程度。保持真诚的微笑，微笑虽然无声，但是代表许多含义：高兴、欢悦、同意、尊敬等。作为一名销售者，要时时刻刻把"笑意写在脸上"。真诚的微笑如图3-5所示。

微笑并不是简单的脸部表情，它应该体现整个人的精神面貌。所以，首先，销售者必须发自内心地微笑，不要空有一副"职业性微笑"的表情，而内心却厌恶和排斥顾客；其次，微笑的同时要注意自己内在涵养和素质，既要让顾客在彬彬有礼的微笑服务中感受到被尊重和关爱，又不至于使顾客感到过分客气和生疏。另外，在微笑时尽量不要发出太大的声音，也不要表现得过于夸张，否则顾客会觉得不舒服。

6）适当的空间距离

美国人类学家爱德华·霍尔根据交流对象的关系将空间划分为四种距离，各种距离都与对方的关系相称。人们的个体空间距离大体上有四种：公共距离、社交距离、个人距离、亲密距离。个体空间距离的分类见表3-1。

图3-5 真诚的微笑（来源：百度图库）

表3-1 个体空间距离的分类

公共距离 public distance	社交距离 social distance	个人距离 personal distance	亲密距离 intimate distance
360～750cm，适合非正式的聚会，如在公共场所看演出等	120～360cm，适合非个人事物的场合，如进行一般社交活动，或在办公、处理事情时	45～120cm，朋友、熟人或亲戚之间往来一般以这个距离为宜	0～45cm，这种距离适合双方关系最为密切的场合，如夫妻及情侣之间

心理学家发现，任何一个人需要在自己的周围有一个自己能够把握的自我空间，这个空间的大小会因不同的文化背景、环境、行业、不同个性等而不同。不同的民族在谈话时，对双方保持多大距离有不同的看法。在销售过程中，销售者要与顾客保持适当的空间距离，给其足够的个人空间，让顾客感到舒适。

四、阻碍沟通的因素

案例导入

最漂亮的鸟

一只猫到林中捕鸟，遇到了一只关系不错的麻雀，麻雀问："亲爱的猫大哥，你到哪里去啊？""我去林子里捕鸟。"猫答道。

"啊，猫大哥，千万别伤害我的孩子。"

"你的孩子长什么样啊？这可得让我知道。"

"我的孩子啊，长得最漂亮。"

"知道了。"猫认真地回答,麻雀放心地飞走了。

猫在林子里找来找去,鸟巢里尽是一些美丽的小鸟,猫都担心是麻雀的孩子而不敢下手。终于,他发现了一群长得非常"难看"的小鸟,于是猫放心地饱餐了一顿。

猫在回家的路上,又碰到了麻雀。猫说:"你放心吧,我吃的是最丑的鸟。"

麻雀回家一看,她的"漂亮"的孩子一个都不见了,窝里还有几根猫的胡须。

之所以会出现这样的悲剧,是因为猫和麻雀之间的沟通存在问题,麻雀认为自己的孩子是最漂亮的,是出于父母对孩子的爱,猫认为小麻雀很丑,是出于客观判断,两者之间的身份差异导致无效的沟通。

(资料来源:网址 http://www.3566t.com/)

1. 售前准备工作欠缺

1)对商品不够了解

一些销售者的售前准备没有做到位,对于商品的功效一知半解,遇到一些专业的顾客时,对于顾客提出的问题模棱两可,这样不利于沟通的进行。销售者对于商品的专业数据不仅要做到心中有数,而且要能对答如流。这一点对于面向生产企业的销售者来说尤为重要,一定要让你的顾客感觉到在他面前的人不仅是一名销售者,更是一位商品专家。掌握各种专业数据必不可少;同时对于商品的一些并不具体、并非显而易见的特点的了解也是至关重要的。一些感觉上的模糊可能导致顾客认识上的错误,进而导致对商品的误解。作为一名销售者,一定要有能力解决顾客的任何一个疑虑。

2)不注重个人形象

销售者的外形不一定要美丽迷人或英俊潇洒,但一定要让人感觉舒服。那么在准备阶段能做到的是预备一套干净得体的服装,将任何破坏形象、惹人厌恶的缺陷排除,充分休息,以充沛的体力、最佳的精神面貌出现在顾客面前。销售者还应该根据自己的顾客群体来选择着装,一般来说,如果顾客是西装革履的白领阶层,那么应着西装;而当顾客是机械零件的买主,那么最好穿工作服。

2. 销售技巧掌握欠佳

1)对销售技巧认识有偏差

部分销售者对销售技巧的认识有偏差,认为销售者就应该能言善辩,甚至是喋喋不休的。其实,在销售者间流传着这样一句格言:多言之客以耳闻,少言之客以口问。这句话的意思是对待外向型顾客应当多倾听,对待内向型或沉默型的顾客要主动搭话。同时要切忌多言多语,大家都了解"言多必失"的道理。

2）销售经验不足

部分销售者销售经验不足，沟通能力欠缺，使信息的表达不够清晰、准确。明确地表达是传递真实信息的必要条件。

3）与顾客沟通时容易冲动

对顾客错误的或于己不利的说法，如果这种说法并不重要，那么最好将其置于一边，保持沉默，切记不能正面纠正；如果顾客的错误太严重，以致影响了他对商品或公司的看法，那么就要运用智慧委婉地予以纠正。冲动是销售者的大忌，一定要设法约束自己，不与顾客发生争论。

3. 销售者的身体状况或情绪因素

一个人的健康状况和精神状态会对沟通产生很大的影响，如睡眠不足、疲劳等，都会在一定程度上影响信息的接收和发送。此外，当一个人注意力不集中，在分心地想或做自己的事情时，就会听不到别人说什么，或仅仅听到了一点点，并没有完全理解别人在说什么，自然就不能很好地做出回应。情绪也会极大地影响表达和倾听。在极端的情绪下，要客观地表达和倾听都是有困难的。因此，销售者一定要学会调整自身情绪，适当休息，以最好的状态面对顾客。

4. 经验之谈的误导

经历会决定人们对一些人或事情的判断，这就是我们常说的"经验"。如果"经验"告诉销售者中年妇女一般不会购买机上销售的化妆品，那么当中年妇女咨询化妆品时，销售者就会因为无用的判断而懒得去听、懒得思考。但是这样的判断并不一定是正确的，销售经验固然会给我们带来很多启示，但是唯经验马首是瞻的做法是欠妥的。

5. 外在环境的影响

外在环境有时候就使沟通难以有效地进行，如机上噪声和飞机颠簸等，都会对人的生理和心理产生影响，从而使沟通无法有效地进行。销售者在进行机上销售时，要注意周围环境的变化，如果在沟通过程中遇到飞机颠簸，这时顾客肯定心里有点慌张，注意力没法集中在销售者身上，这时候不适合进行机上销售。

6. 文化差异

不同文化体系下的人们在观念、言谈举止上都会有很大的差异，如果不了解对方的沟通方式或意义，可能会导致无法沟通或沟通偏差。在机上销售时，难免会遇到异国他乡的顾客,这时就要注意文化的差异,如中国人的语言表达方式比较含蓄、谦逊,就常使美国人一头雾水,销售者要学会针对顾客群体,调整销售策略。

第三节　客舱销售技巧训练

一、倾听技巧训练

案例导入

> 美国知名主持人林克莱特一天采访一名小朋友,问:"你长大后想要当什么呀?"小朋友天真地回答:"嗯……我要当飞机的驾驶员!"林克莱特接着问:"如果有一天,你的飞机飞到太平洋上空所有引擎都熄火了,你会怎么办?"小朋友想了想:"我会先告诉坐在飞机上的人绑好安全带,然后我挂上我的降落伞跳出去。"当在现场的观众笑得东倒西歪时,林克莱特继续注视着孩子,想看他是不是自作聪明的家伙。没想到,接着孩子的两行热泪夺眶而出,这才使林克莱特发觉这孩子的悲悯之情远非语言所能形容。于是林克莱特问他说:"为什么要这么做?"小朋友的答案透露出一个孩子最真挚的想法:"我要去拿燃料,我还要回来!"
>
> 听别人说话时,你真的能听懂他的意思吗?如果不懂,就请听别人说完吧,这就是"听的艺术":听话不要听一半;不要把自己的意思,投射到别人所说的话上面。
>
> (资料来源:http://tieba.baidu.com)

1. 倾听练习

1)弦外之音(如图3-6所示)

(1)刻苦的孩子。一天,同一栋楼里的林伯伯见到小明的爸爸,说:"你家小明真刻苦,每天晚上11点多了,我们都睡觉了,还听见他在弹钢琴。"林伯伯的言外之意是什么?假如你是小明的爸爸,你打算说些什么呢?

参考答案:林伯伯的言外之意是小明晚上弹钢琴吵到了他们,小明的爸爸应该表示道歉,并说明以后会尽量避免这样的事情发生。

(2)摆脱小偷。如果你是一名乘务员,某天,你看到一位乘客的手提包被小偷拉开了,乘客却浑然不知。这时,你会怎么巧用弦外之音,帮助乘客迅速摆脱小偷?

参考答案:这位乘客您好,请问您是不是做错了座位,拿出登机牌给我看下。

图 3-6 弦外之音（来源：百度图库）

（3）麦兜的理想。麦兜说："我的理想是做一个校长，每天，收集了学生的学费之后，就去吃火锅，今天吃麻辣火锅，明天吃酸菜鱼火锅，后天吃牛骨头火锅。陈老师直夸我，麦兜，你终于找到生命的真谛。"陈老师的话是什么意思？

参考答案：陈老师的意思是你的理想除了吃就没有别的了。

（4）帮忙。在邮局大厅内，一位老太太走到一个中年人面前，客气地说："先生，请帮我在明信片上写上地址好吗？"

"当然可以。"中年人按照老人的要求做了。

老太太又说："再帮我写上一小段话，好吗？谢谢！"

"好吧。"中年人按照老太太的话写好后，微笑着问道："还有什么要帮忙的吗？"

"嗯，还有一件小事。"老太太看着明信片说，"帮我在下面再加一句：字迹潦草，敬请原谅。"请问老太太的言外之意是什么？

参考答案：老太太的言外之意是不好好帮忙还不如不帮。

（5）回电。一个苏格兰人去伦敦，想顺便探望一位老朋友，但却忘了他的住址，于是给父亲发了一份电报："您知道托马的住址吗？速告。"

当天，他就收到一份加急回电："知道。"

请问这位苏格兰人的原意是什么？

参考答案：这位苏格兰人的原意是如果父亲知道朋友的住址，请快速发给他。

（6）调羹。麦克走进餐馆，点了一份汤，服务员马上给他端了上来。

服务员刚走开，麦克就嚷嚷起来："对不起，这汤我没法喝。"

服务员重新给他上了一份汤，他还是说："对不起，这汤我没法喝。"

服务员只好叫来经理。

经理毕恭毕敬地朝麦克点点头，说："先生，这个汤是本店最拿手的，深受顾客欢迎，难道您……"

"我是说,调羹在哪里呢?"

请问对话中服务员的问题出现在哪里?

参考答案:服务员没有认真倾听,并不清楚乘客不满意的问题所在。

(7)工人和老板。一工人对老板抱怨:"我在您这里干了 10 年了,可您一次也没给我涨过工资。"

"不能这么说。"老板说,"应该说,你之所以在我这里能连续一干就是 10 年,正是因为你一次也没要求涨工资。"

老板说话的言外之意是什么?

参考答案:老板的言外之意是工人如果要求涨工资,他就会解雇工人。

2)传话游戏(如图 3-7 所示)

图 3-7　传话游戏(来源:百度图库)

游戏规则:选择六名同学,第一名同学向第二名同学轻声复述以下语句,第二名同学根据记忆将信息传递给第三名同学,依次进行,将信息传递给第六名同学。在游戏过程中其他同学不能看语句,相互之间不能私下交流,两人之间的对话不能被第三个人听到。最后一名同学大声说出自己获得的信息,同学们以此对照原始信息进行比较。

(1)"传言"(见表 3-2)。

表 3-2　"传言"

1. 石狮市真的有石狮子吗
2. 小李想和小王结婚
3. 要想飞,就得追;要成功,努力干
4. 一直在抄袭,从未被起诉

续表

| 5. 说不完的感伤,道不尽的沧桑 |
| 6. 胖子爱吃肥肉,肥肉鼓成胖子 |
| 7. 虽然我不强壮,可也没你想得那么弱不禁风 |
| 8. 回首离别时的回忆 |
| 9. 小良赶着一群羊,半路遇到一只狼 |
| 10. 妈妈赶马,马慢,妈妈骂马 |
| 11. 白果打白布,白布包白果。白果恨白布,白布打白果 |
| 12. 小子,今儿是怎么了?出门儿吃错药了?还是忘吃药了 |
| 13. 烧饭时,一只螃蟹顶出锅盖,对我说:"我热!"答:想红就忍着 |
| 14. 兔子不吃窝边草,好马不走回头路,船到桥头自然直 |
| 15. 不想当元帅的士兵,不是一个好士兵 |

（2）会议通知。内容：你去通知小芳，让她去实训楼二楼找刘老师，通知她星期五下午去图书馆 1 号会议室开会，会议上午 10 点钟开始，顺便问一下张老师和李老师的水杯在哪里，装好水，把它们拿到行政楼 302 室。

2．倾听测试游戏

1）客舱风波

以下是一道简单的倾听测试，游戏规则如下。

学生看问题，请不要翻阅题目和答案，教师读一个情节（情节内容见（2）题目），读完后学生回答下面的判断题，在对应位置打"√"；做完习题之后，学生看题目，阅读刚刚说的情节再进行判断，不要受第一次做题影响，也不要翻阅答案，在对应位置画圈；最后公布答案。

（1）判断题（见表 3-3）。

表 3-3 判断题

问题	正确	错误	不确定
1. 机上广播后，一个男子到达客舱前排	T	F	?
2. 抢劫者是一个男子	T	F	?
3. 那个男子没有索要钱财	T	F	?
4. 推着餐车的乘务员是女子	T	F	?

续表

问题	正确	错误	不确定
5. 男子撞倒餐车后被制服	T	F	?
6. 故事中提到了餐车，但没说里面具体有多少盒餐食	T	F	?
7. 抢劫者向乘客索要钱财	T	F	?
8. 男子打翻了餐食	T	F	?
9. 乘客和机组人员一起制服了男子	T	F	?
10. 故事涉及三个人物：乘务员、一个索要钱财的男子、警察	T	F	?

（2）题目。乘务长正在进行机上广播，客舱内灯光亮起来后，一个男子走到客舱前排索要钱财，一名乘务员推着餐车出来，餐食撒了一地，后来劫持者被制服，一位机场警察很快收到报案。

（3）答案（见表3-4）。

表 3-4　答案

问题	答案
1. 机上广播后，一个男子到达客舱前排	错误，正在进行机上广播
2. 抢劫者是一个男子	错误，索要钱财的人并不一定是抢劫者
3. 那个男子没有索要钱财	错误，要了
4. 推着餐车的乘务员是女子	不确定
5. 男子撞倒餐车后被制服	不确定，没有说明
6. 故事中提到了餐车，但没说里面具体有多少盒餐食	正确
7. 抢劫者向乘客索要钱财	不确定，没有说明
8. 男子打翻了餐食	不确定，没有说明
9. 乘客和机组人员一起制服了男子	不确定，没有说明
10. 故事涉及三个人物：乘务员、一个索要钱财的男子、警察	错误，还有乘务长

2）真爱无价

（1）他（她）会怎么样。游戏规则：先阅读以下两个问题，请先将提示内容遮住，不要看提示内容，根据第一反应做出判断，在所选答案后面打"√"；然后，阅读提示内容，再次做出判断，在所选答案后面画圈。

① 他很爱她，她是一名乘务员，美丽的大眼睛透露着智慧的光芒，曼妙的身影中显示着青春的风采，迷人的微笑下是一颗充满快乐、阳光的心灵，明眸皓齿、亭

亭玉立。可是，一天，她出了车祸，脸上留下几道大大的丑陋的疤痕，你认为他还会爱她吗？

  A．他肯定会　　　B．他一定不会　　　C．他可能会

② 她很爱他，他是商界精英，儒雅沉稳、敢打敢拼。突然，有一天，他破产了，请问她还会爱他吗？

  A．他肯定会　　　B．他一定不会　　　C．他可能会

（2）提示。如果第一题中的他是她的父亲，第二题中的她是他的母亲，请再次做出判断。

（3）测试启示。根据以往经验，大多数学生会将他和她默认为恋人关系，而没有考虑其他情况。这是断章取义的做法，在日常生活中，我们也常常会犯类似错误。为了避免这样的事情发生，大家需要养成认真倾听的好习惯，遇事冷静思考，不要仅根据只言片语就做出判断。

二、销售展示技巧训练

案例导入

乘务员过夜住酒店，如果遇到这种事简直太可怕！

前几天在外面过夜，我一个人住。本来在当地休息一整天，但我陪着几个乘务员同事在外面玩了一整天，回到酒店后十分疲惫、浑身瘫软，洗完澡就爬上床准备睡觉。

大概晚上 11 点多，还不算太晚，我在睡梦里迷迷糊糊地听到门口有动静，也没搭理，翻了个身准备继续睡觉，可谁能想到"咔嚓"一声，门居然被打开了。

我"腾"地坐起来，大喊："谁！"

没想到那人用比我还慌张的声音说道："sorry, sorry, sorry…"然后门又关上了，我起身下床，走到门口先在猫眼里看了一眼，又打开了房门，外面早已经没有人的影子。

我很生气，给前台打电话，说了一通，也不知道对方有没有听懂我在说什么，反正我也没听懂他说了些什么，就这么不了了之。

在微信群里跟大家说了一声，提醒同事们都把门反锁上。

但这种事，我不是第一次遇到，而且我知道，也不是只有我一个人遇到过。

还有一位曾经从事酒店行业，如今正在港龙航空接受新乘培训的姑娘给我解释了一下"为什么别人的房卡能打开我的门"这个问题。

第一种是卖重房间，一般这种情况是由于酒店前台员工的失误造成的，原因有很多种，比如：开房后忘记进入系统更新；客人换房间后忘记进入系统更新；前台的不同员工同时办理客人入住，为了赶时间都没有在系统登记，就拿了房卡给不同的客人；主管锁房但是被前台员工紧急开房然后忘了告知主管，后面主管又开这间房，系统里都未记录等，基本都是由于系统未及时更新。

第二种是住客信息被泄露，陌生人掌握了基本住客信息去前台开新房卡，前台员工没有警惕和仔细检查，从而开出房卡。因为如果住客去前台说"遗失了房卡"，一般要求是：要求客人提供房号、住客姓名、登记的证件号/手机号/生日……如果核对成功，就可以开新卡给客人。

因为酒店前台员工也是三班倒，不同班次入住的客人彼此也不清楚，只要客人的信息能够核对上，就可以提供给他额外的新卡。要是一个人入住酒店后，在酒店大厅打电话"……哦哦，我住在308，你晚上来找我吧"，然后对面的人也正巧看到你的名牌上面的名字，就可以趁机记下来。

有些训练不是特别好的酒店前台员工，核对一下姓名和房号就给房卡了，就比较危险。国际五星级酒店的前台检查制度会比较好一些，但是人失误难免。所以一定要注意自己的个人信息，出了机场就摘除名牌，在公共场所不要大声讲电话或者大声交谈，对自己的房号等信息进行保密。

而作为一名乘务员，我们每天都在航班上履行自己的安全职责，但对于自身的安全，更是不能有任何的麻痹大意。我们驻外时住在不同国家的酒店，有时可能会想：这么好的酒店，应该不会有事。而这种心态，才更容易让我们掉以轻心。

所以，今天我要给大家推荐一款商品，就是"安全门挡"。它利用力学原理将受到的推力转换成摩擦力，也就是外面的人用多大的力气推，门挡就能把相等大小的力转换成地面摩擦力怼回去。

门挡的设计专利来自英国公司，凝结了许多外国工程师们的聪明才智。

它的重量和大小都跟一台手机相近，通体红色，散发着神秘的金属光芒。

有了它的陪伴，我们驻外住在不同酒店的时候，夜里就可以踏踏实实地睡一个安稳觉。使用方法也非常简单，只要识字就能看懂使用说明书。安装1分钟搞定，拆除只需3秒，不用担心遇到火灾险情，自己因为门挡被困在屋里。

这可能是目前我能想到的，乘务员姑娘们住酒店时防止被人破门的最好的办法。我强烈推荐乘务员姑娘们入手一个，当然，诸位乘务员姑娘的老公和男友入手一个"安全门挡"送给女朋友也是非常暖心的。

> **案例分析**
>
> 以上是一款"安全门挡"的商品展示过程，在整个销售过程中销售者始终围绕着乘务员的需求。首先，销售者通过乘务员关心的话题"酒店安全"着手，从乘务员的安全问题出发，引起乘务员的兴趣；然后，再推介商品，说明商品的性能，介绍商品的优点，打消乘务员的顾虑；最后，扩大商品的购买群体，不仅乘务员可以入手，乘务员的家属也可以为他们准备一个。总而言之，这次销售展示是比较成功的。
>
> （资料来源：微信公众号"停机坪"）

请根据以下场景，进行商品展示练习，在练习过程中要介绍商品功能、商品可以为顾客带来什么，以及顾客如何使用。一般商品介绍包含四个要点：引起注意、证明有效、激发欲望和引导行动。要有创意地介绍商品，顾客购买的不只是商品，而是商品带来的利益。

1. 粉底液销售展示练习

假如你是机上销售员，由于粉底液价格较贵，且不是大众熟悉的品牌，你将如何向乘客介绍你的商品，才能使他们接受。请思考后再翻阅销售展示参考。

销售展示参考：

选择一个肤色一般、没有化妆的女性乘客。拿出所卖的粉底液试用装，经过其允许后，轻轻地在乘客脸上涂上一层薄薄的粉底液，让同行乘客看效果，如果其中有使用别的品牌的粉底液的乘客，可以请她做个评价。评价粉底液的遮瑕效果，是否自然，以及与自己使用的品牌相比较其性价比。

乘务员可以补充说："各位，大家都看到了，我们这款粉底液遮瑕效果好，看起来也很自然，采用气垫上妆，使用方便，不会造成浪费，与其他品牌相比物美价廉，我们这款产品原价340元，现在在飞机上购买可以享受折扣价，并且免税，仅需260元，感兴趣的乘客可以试用一下再决定是否购买。"

销售是一门艺术，是一种技巧，不是简单的买卖，它是建立在人们购买心理基础上的一种策略。如果想把自己的商品销售出去，不仅要有过硬的商品，还要有巧妙的销售展示。好的销售展示是商品的一半，可以使顾客认识到商品的价值。试用品可能买不来利润，但是能买来顾客的信任。

2. 机上餐食销售展示练习

如果你是一位空中乘务员，一次向一百多名乘客推销餐食。刚好是午饭时间，但是购买餐食的乘客较少，你将怎样向乘客介绍餐食，才能吸引更多的乘客购买，请现场模拟。请思考后再翻阅销售展示参考。

销售展示参考：

利用"饿"这个环境，强调已到用餐时间，飞机上免费提供热水，大家可以享用自己携带的食物，并不是所有乘客都带了食物，当看到其他乘客吃东西时，受环境的影响其他人也会感觉自己饿了。

这时候乘务员可以说："本次航班提供了付费餐食，有鸡肉米饭、牛肉米饭和可乐，鸡肉米饭39元，牛肉米饭45元，可乐6元，如果可乐和米饭一起购买可以优惠4元。"

如果有乘客购买了鸡肉米饭，一定要主动询问是否需要可乐，同时购买可乐可以享受优惠。在给乘客送餐时，尽量让餐食的味道散发出去，诱人的饭香味可以引起其他乘客的食欲，并增加其购买的概率。

乘务员及时抓住了客舱环境封闭的特点，恰到好处地利用了进餐时间点，采用与周围环境极为适合的语言表达方式和行为方式，抓住乘客的心理，促使乘客产生消费需求，化被动为主动，达到了预定的目标。

3. 特产销售展示练习

如果你是一位空中乘务员，在桂林飞北京的航班上，向乘客销售罗汉果，你将如何进行销售，请现场模拟。请思考后再翻阅销售展示参考。

销售展示参考：

由于航班的目的站为北京，北京的雾霾严重，空气质量较差，可以将其与罗汉果的润肺止咳功效结合起来，此外，还可以强调其为特产，可以给亲朋好友带来新鲜感，总而言之，送朋友既有面子又健康。

乘务员可以说："前往北京的乘客请注意，如果您没给亲朋好友带礼物，不用担心，本次航班上销售少量的罗汉果，可供您选购；如果您身边的朋友有教师、演员、播音员、歌唱家、营业员，可以送给他们，帮助他们清咽利喉、利咽开音。罗汉果还可以帮助您和您的家人、朋友们清肺保肝，这对于生活在北京的人们非常有益于健康。此外，罗汉果富含维生素C、葡萄糖、果糖、膳食纤维、蛋白质，以及钾、镁、钙、钠、铁、锰、锌等微量元素，爱美的女生经常泡水喝可以润肤养颜。"

乘务员对所销售的产品要有足够的了解，清楚地知道适合的人群有哪些、具有什么样的功效，其潜在的价值是否能打动乘客，怎样才能将产品与乘客的需求结合起来。对这些有深入的思考之后，才能成为成功的机上销售员。

三、营销沟通训练

案例导入

> **吹箫的渔夫**
>
> 　　有一个会吹箫的渔夫，带着他心爱的箫和渔网来到海边。他站在一块岩石上，吹起箫来。他心想音乐这么美妙，鱼自己就会游到他的面前。他聚精会神地吹了好久，连个鱼的影子都没有看见。他生气地将箫放下，拿起网，向水里撒去，结果捕到了很多鱼。他将网中的鱼一条条地扔到岸上，看到活蹦乱跳的鱼，渔夫气愤地说："喂，你们这些不识好歹的东西！我吹箫时，你们不跳舞，现在我不吹了，你们倒跳起来了。"
>
> 　　鱼说："我们对你美妙的箫声不感兴趣啊！"
>
> 　　营销启示：市场营销就是针对目标顾客运用营销策略的过程。所以选择什么样的目标顾客作为企业的营销对象，并且针对这些顾客选择什么样的营销策略非常重要。
>
> （资料来源：网址 https://www.toutiao.com）

随机选取同学，一名扮演销售者，另一名扮演顾客，如有同行者，再选一名同学扮演同行者。根据以下情景内容，自由发挥，进行销售练习。情景表演结束后，其余同学根据对话情况，做出点评，指出销售者有哪些地方可以改进。最后，教师根据学生表现做出点评。

学生进行销售练习时注意事项：（1）切忌让自己处于被动的地位；（2）切忌用命令式的语气；（3）切忌直接拒绝顾客的请求；（4）切忌直接帮顾客做决定；（5）切忌推销商品时没有针对性。

要做到：（1）真诚的微笑和赞美；（2）注重形象与礼仪；（3）学会倾听顾客说话；（4）对顾客说明商品特性时，要做到语言简练、清晰、内容易懂。

1. 运动鞋销售实战演练

过年期间，小张想买一双运动鞋，于是进了一个商店。小张以前一直在网上买东西，很少到商场去买。逛了几家店，小张感觉没什么特色，销售者也只是极力说自己的商品怎么好、怎么便宜。于是小张又到了一家商店，一进门，刚开始看，一个悦耳的声音传来,"欢迎光临本店,先生,您想买鞋吧。我们最近在搞新年回馈活动,很多新款推出,我来给你介绍一下吧。"

在销售者的介绍下,小张还真的发现有一双不错的鞋子。问了一下价钱,要 600 元,新年活动打折后也要 400 元。小张说你们的鞋子怎么这么贵?销售者笑着说……

请遮住参考答案,根据以上情景自由发挥,模拟运动鞋的销售过程。

参考答案:

销售者:"您很会挑鞋子,这双鞋是新款,是厂家请的国际设计师设计的,听说在国际上还获过奖,而且材料和做工都很不错。一分钱一分货,价格是不低,但绝对是值得的。"

小张:"能否便宜一点?"

销售者:"您先试试吧,如果不合适,再便宜您也不会要的。您的脚多大码?"(不直接回答顾客的问题,反问一句,掌握主动权,使顾客很自然地跟着去试鞋。)

小张:"哦,43 码。"

销售者:"这双正是您要的大小,您坐这里试试。"

小张:"小姑娘,你们这个品牌我怎么没有听过呢?"

销售者:"这个品牌很有名的,您没有听过吗?我来给您解释一下啊……"

小张:"鞋子还不错,但还是太贵了,再便宜一点吧。"

销售者:"这双鞋真的是很划算的,如果不是新年,不可能打折。另外,这双鞋的质量很好,至少可以穿两年,只要 400 元,每天算下来才 5 毛多。我看您手上的钱包啊,是名牌,这个值好多双鞋子了,要是鞋子太便宜也不般配,不是吗?"(使顾客觉得身价被认可了,再还价就不好意思了。)

小张:"我的这个钱包是冒牌的啊!才 50 块钱。"

销售者:"您开玩笑了,从您的气质一看就是见过世面的,再看您钱包的拉链做工也不可能是仿制品。您挑中一双鞋也不容易,其实 400 元,价格真的不贵,就当您多请了一位好朋友吃饭而已。"(告诉顾客时间也是成本,另外,告诉顾客也就是一顿饭钱,还是请好朋友吃饭,说得都合情合理。)

小张:"这双鞋确实还可以,但你要是不便宜一点我总觉得亏了,你怎么着也得给我打个折吧,以后我再介绍朋友到你这里来买。"

销售者:"能帮我介绍顾客,真是太感谢您了。我只是个导购员,实在没有权力再打折了。这样吧,您下次过来,如果有赠品,我给您申请两个。您看这双鞋您穿着也很合适,您一会儿是刷卡方便还是付现金方便?"(拒绝顾客,但又不会使顾客觉得难堪。)

小张:"刷卡方便。"

销售者:"那您跟我到这边来刷卡。"(先问是刷卡方便还是付现金方便,然后就

112

直接把顾客带过去了。让顾客没有犹豫的机会。）

刷卡以后。

销售者："我这里有给老顾客优惠的袜子，您买了我们的鞋子，也算老顾客了，价值 68 元的袜子，您给 10 元就好了，也算我刚才无法给您打折的一个补偿。"（最终也没有降价，还让顾客觉得占了便宜。）

小张："袜子拿一双吧。"

销售者："好的，袜子在这里您拿好，欢迎您下次再来啊。"

2. 护肤品销售实战演练

小娜和小美一起去三亚玩，回去的时候，乘务员在机上介绍一款保湿的水乳套装，坐在后排的小美没有听清楚，旁边的小娜说是在推销化妆品。小美只看到机上销售的化妆品不是自己平时用的牌子，但刚好自己的化妆品快要用完了。而且又看到有其他顾客在询问，小美也想了解一下，所以等到乘务员走到小美跟前时，小美喊住了乘务员……

请遮住参考答案，根据以上情景自由发挥，模拟水乳套装的推销过程。

参考答案：

小美："这个牌子我都没听过，新出的吧，不太敢买。"（遇到这种情况的时候，一定要心平气和。首先要做的就是增强顾客对品牌的信心，可以根据具体情况找到准确的切入点进行说服。）

乘务员："小姐，您真内行，对行业和商品了解得这么清楚。看您的皮肤这么好，您一定非常懂得保养。我们这个品牌确实是新品牌，不过，我们的品牌是通过国家质量检验认证的，您大可放心购买。小姐，根据您的皮肤特点，我觉得柔润一点的配方可能会更适合您。这款商品是纯天然配方，温和不刺激，一定非常适合您的肤质。您先感受一下，买不买没关系。"（如果是新品牌，要真诚地赞美顾客见多识广，再通过品牌实力展示，强化顾客对品牌的信心。）

"小姐，真是不好意思，一定是我们的工作没做到位。这已经不是新品牌了，只是品牌一直比较低调，在广告宣传方面投入不多，更多的资金用于科研和高品质的开发上，所以商品的品质不错，我也在用这款商品，您大可放心购买。小姐，看您的皮肤特点，这款商品是纯天然配方，温和不刺激，我觉得一定适合您。您可以先感受一下，买不买没关系。"（如果品牌并非新品牌，只是知名度不高，可以通过讲解品牌知名度不高的原因、品牌关注的方向，以及商品的优势来改变顾客对品牌的印象。）

"小姐，真是抱歉，是我们的工作没做到位，我们一定改进。其实，这是国家知名品牌，具有××年的历史，在全国已有××店，在××有广告投放，商品也多次获得国家优质商品的称号，您大可放心购买。小姐，看您的皮肤特点，这款商品具有×××的优点，我觉得一定适合您。您可以先感受一下，买不买没关系。"（如果是顾客的失误，将知名品牌说成新品牌，不要直接反驳，要主动检讨工作疏忽，再转移话题，展示公司的品牌实力，强化顾客的购买信心。）

小美："我始终使用一种品牌，不想换来换去！"

乘务员："长期使用一个品牌是对的，但是如果长期使用一种商品，而延缓衰老的功能未能发挥，就要考虑改变这种状况！其实，科学地尝试一种最适合自己的护肤品，无疑是一件值得参与的事情。使用后皮肤水汪汪的，滋润而不油腻。现在这个季节最适合用了！买不买没关系，您可以试用来感受一下。"（边说边试用……）

小美："我还是先不试用了。"

乘务员："小姐，您的肤质不错，您是干性肌肤对吧，干性肌肤到了秋季更要注意补水。这款补水商品是我们××化妆品的明星商品，回头率很高。它拥有×××的优点，很适合干性肌肤使用。现在是活动期间，可以打 5 折哦，原价 1 000 元，这样算下来，现在一套只要 500 元，可以用 3～4 个月，很划算的。您看，我帮您试用一下？"（先了解不想试用的原因，对症下药，服务才能顺利开展。同时，要细心观察顾客的表情，亲切、诚恳、耐心、有策略地引导顾客进行交流，只有找到顾客的需求所在，才能针对需求再决定是继续推介这款商品还是进行其他推介服务。）

小美："好吧。"

小美使用后感觉不错，于是问小娜的建议。

小美："小娜，我感觉还不错，你觉得我要不要入手一套。"

小娜："我们单位发福利，就是护肤品！还是先别买了。"

乘务员：（对小娜）"发福利是不按需求提供商品的，没有一个单位发护肤品要统计肤质的！您也知道以肤质为基准是选购护肤品的原则！如果使用的商品与肤质不相称，也属于滥用护肤品！这款护肤品是专为东方人设计的！"

小娜："我觉得还是去实体店买吧，实体店种类多，更容易找到适合你的商品，而且质量有保证。"

乘务员：（对小娜）"小姐，看您对购买化妆品挺内行的，这款是保湿商品，这位小姐是干性皮肤，挺适合这位小姐的，这款商品质量和实体店一样，是同一批商品，我们也是经厂家授权才可以卖的。您觉得还有哪里不合适呢？说出来，我们可以一起帮您朋友做决定。"（对小美）"小姐，看您那么喜欢这款商品，错过了岂不是太可惜？况且现在是活动期间，您可以享受 5 折优惠，500 元就可以买到自己喜欢的东西。"（当顾客比较满意化妆品，但陪伴者不认同时，一方面要用赞美的姿态去倾听陪伴者的否定观点,另一方面强化顾客最喜欢的商品细节,扩大利益点,引导顾客产生购买决策。注意,千万不能主次颠倒,只应付陪伴者而忽视顾客的存在,这也是不明智的。)

小美:"一套化妆品才500元,价格的确便宜,但质量会不会打折扣?"

乘务员:"小姐,您的顾虑我非常理解,但是请您放心,商品之所以特价促销,是为了庆祝××节日的到来,化妆品品牌低价回馈顾客,感谢顾客多年来的支持,所以并非商品质量有问题。小姐,您大可放心购买。而且活动期间,您可以享受5折的优惠,这种难得的机会,如果您错过了,真的是太可惜了。"(顾客对特价商品的质量表示怀疑,主要是因为在低价让利面前有了购买的意向,想从乘务员那里获得一定的商品信任感,从而决定是否购买。这时,首先要给顾客一定的心理认同,并告诉顾客促销的真正原因,以及化妆品品牌在行业中的良好信誉,渐渐打消顾客对商品质量的疑虑,从而在顾客心中建立一定的信任度。在这个基础上,再进行一定的利益诱惑,强化折扣信息,可以刺激顾客的购买冲动,推动顾客制定购买决策。)

小美:"我买一套吧!给您现金吧!"

乘务员:"可以的,我给您拿套新的。您拿好,祝您旅途愉快!"

销售故事

两家小店

有两家卖粥的小店。左边这家和右边那家每天的顾客相差不多,都是川流不息、人进人出的。然而晚上结算的时候,左边这家总是比右边那家多出一百多元。天天如此。于是,我走进了右边那家粥店。服务员微笑着把我迎进去,给我盛好一碗粥。问我:"加不加鸡蛋?"我说:"加。"于是她给我加了一个鸡蛋。每进来一个顾客,服务员都要问一句:"加不加鸡蛋?"也有说加的,也有说不加的,大概各占一半。我又走进左边那个小店。服务小姐同样微笑着把我迎进去,给我盛好一碗粥。问我:"加一个鸡蛋,还是加两个鸡蛋?"我笑了,说:"加一个。"再进来一个顾客,服务员又问一句:"加一个鸡蛋还是加两个鸡蛋?"爱吃鸡蛋的就要求加两个,不爱吃的就要求加一个,也有要求不加的,但是很少。一天下来,左边这家小店就要比右边那家多卖出很多个鸡蛋。给别人留有余地,更要为自己争取尽可能大的领地。只有这样,才会于不声不响中获胜。销售不仅仅是方法问题,更多的是对消费心理的理解。

(资料来源:网址 http://www.lizhixiu.com/gushi/2100/)

一次成功的销售

一个乡下来的小伙子去应聘城里"世界最大"的"应有尽有"百货公司的销售者。老板问他:"你以前做过销售者吗?"他回答说:"我以前是村里挨家挨户推销的小贩子。"老板喜欢他的机灵:"你明天可以来上班了。等下班的时候,我会来看一下。"一天的光阴对这个乡下来的穷小子来说太长了,而且还有些难熬。但是年轻人还是熬到了5点,差不多该下班了。老板真的来了,问他说:"你今天做了几单买卖""一单。"年轻人回答。"只有一单?"老板很吃惊地说:"我们这儿的售货员一天基本上可以完成20到30单生意呢,你卖了多少钱?""300 000美元。"年轻人回答。"你怎么卖了那么多钱?"目瞪口呆,半晌才回过神来的老板问。"是这样的,"乡下来的年轻人说,"一位男士进来买东西,我先卖给他一个小号的鱼钩,然后中号的鱼钩,最后大号的鱼钩。接着,我卖给他小号的渔线,中号的渔线,最后是大号的渔线。我问他上哪儿钓鱼,他说海边。我建议他买条船,所以我带他到卖船的专柜,卖给他长20英尺有两个发动机的纵帆船。然后他说他的大众牌汽车可能拖不动这么大的船。我于是带他去汽车销售区,卖给他一辆丰田新款豪华型'巡洋舰'。"老板后退两步,几乎难以置信地问:"一个顾客仅仅来买个鱼钩,你就能卖给他这么多东西?""不是的,"乡下来的年轻售货员回答,"他是来给他妻子买发卡的。我就告诉他'你的周末算是毁了,干吗不去钓鱼呢?'"

(资料来源:销售案例故事精选 http://www.gushibaike.com/)

本章小结

1. 倾听的原则:专注性原则、反应性原则、有效性原则。

2. 倾听的方法:养成良好的倾听态度和习惯,设身处地地感受,把握时机和随机应变,锻炼及时、准确回应的能力。

3. 倾听应注意的问题:避免不耐心倾听、避免轻视顾客问题、避免以自我为中心。

4. 销售展示的技巧:尊重顾客需求、重视商品性能和优势转化、观察顾客的反应和消除顾客疑虑。

5. 销售展示的基本步骤:做好销售展示准备工作、激发和引导顾客需求、叙述商品功能和特点、说明商品价值和利益点、提供材料或实物指证。

6. 顾客的社交风格分类:分析型、平易型、驾驭型、表现型。

7. 与顾客进行语言沟通的原则:顾全顾客的面子,勿逞口舌之快;切忌"卖弄"

专业术语；维护公司的形象和利益。

8. 非语言沟通的特点：普遍性、无意识性、可信性、个性化、规范性、情境性。

9. 非语言沟通的技巧：目光的转换、合适的衣着、得体的动作、恰当地运用语调、真诚的微笑、适当的空间距离。

10. 阻碍与顾客有效沟通的主要因素：售前准备工作欠缺、销售技巧掌握欠佳、销售者身体状况或情绪因素、经验之谈的误导、外在环境的影响、文化差异。

思考与讨论

一、单项选择题

1. 美国人类学家爱德华·霍尔根据交流对象的关系将空间划分为四种距离，销售过程中最好保持下列哪种距离？（　　）

   A．公共距离　　　　　　　　B．社交距离
   C．个人距离　　　　　　　　D．亲密距离

2. 与下列哪种类型的顾客接触时，陈述过程中语速要慢，要花时间与其交谈，以引起他们对商品或服务的兴趣，并使其认为商品或服务很重要（　　）。

   A．分析型　　　　　　　　　B．平易型
   C．驾驭型　　　　　　　　　D．表现型

3. 下列不属于阻碍与顾客有效沟通的主要因素的是（　　）。

   A．经验之谈的误导　　　　　B．外在环境的影响
   C．文化差异　　　　　　　　D．积极地回应

4. 下列不属于倾听原则的是（　　）。

   A．专注性原则　　　　　　　B．反应性原则
   C．有效性原则　　　　　　　D．以自我为中心

二、多项选择题

1. 下列属于倾听的方法的是（　　）。

   A．设身处地地感受　　　　　B．学会察言观色
   C．积极地回应　　　　　　　D．轻视顾客问题

2. 下列属于非语言沟通的特点的是（　　）。

   A．普遍性　　　　　　　　　B．无意识性
   C．可信性　　　　　　　　　D．个性化

3. 下列属于销售展示的技巧是（   ）。

   A. 以顾客需求为中心

   B. 将商品性能和优势转化为价值

   C. 观察顾客的反应，消除顾客疑虑

   D. 逞口舌之快

4. 下列属于与顾客进行语言沟通的原则的是（   ）。

   A. 顾全顾客的面子，勿逞口舌之快

   B. 忌"卖弄"专业术语

   C. 维护公司的形象和利益

   D. 以自我为中心开展话题

三、简答题

1. 为什么说非语言沟通技巧非常重要？
2. 销售过程中，怎样进行销售展示？
3. 面对不同社交风格的乘客，如何开展销售工作？
4. 开展销售工作之前，应做好哪些准备？

四、案例分析

案例 1

书店里，一对年轻夫妇想给孩子买一些百科读物，销售者过来与他们交谈。以下是当时的谈话摘录。

顾客："这套百科全书有什么特点？"

销售者："你看这套书的装帧是一流的，整套都是这种真皮套封烫金字的装帧，摆在您的书架上，非常好看。"

顾客："里面有什么内容？"

销售者："本书内容按字母顺序编排，这样便于查找资料。每幅图片都很漂亮、逼真，如这幅，多美。"

顾客："我看得出，不过我想知道的是……"

销售者："我知道您想说什么！本书内容包罗万象，有了这套书您就如同有了一套地图集，而且还是附有详尽地形图的地图集。这对你们一定会有用处。"

顾客："我是为孩子买的，让他从现在开始学习一些东西。"

销售者："哦，原来是这样。这套书很适合小孩。它有带锁的玻璃门书箱，这样

您的孩子就不会将它弄脏,小书箱是随书送的。我可以给您开单了吗?"(销售者作势要将书打包,给顾客开单出货。)

顾客:"哦,我考虑考虑。你能不能留下其中的某部分,如文学部分,我们可以了解一下其中的内容?"

销售者:"本周内有一次特别的优惠抽奖活动,现在买说不定能中奖。"

顾客:"我恐怕不需要了。"

(资料来源:销售技巧案例分析 http://www.360doc.com/content/)

思考:

1. 这位销售者的失误之处在哪?
2. 如果你是销售者,你将怎样开展销售工作?

案例 2

在机上销售化妆品时,销售者向乘客介绍了本次机上销售的商品:××面膜。介绍完商品价格及特性后,一位女乘客小张前来询问。

小张:"您看我是油性皮肤,这款面膜适合油性皮肤吗?能够解决皮肤油腻问题吗?"

销售者:"您的问题非常好,面膜就得选自己适合的。这款面膜有清洁保护作用,可以减少油腻。"

小张:"那能彻底改善我的皮肤吗?"

销售者:"皮肤状况受饮食起居与心情的影响,良好的生活习惯才能真正让皮肤好起来,面膜只是一种辅助商品,任何面膜并不能从根本上解决问题。"

小张:"噢!那请问这种面膜见效快吗?"

销售者:"有些面膜一次见效,或者两三次见效很明显,那是因为含荧光粉、铅等含量较高,从网上一搜就知道荧光粉与铅等重金属的危害,那些物质会致癌。任何一款面膜都有这些成分,只是用量在允许范围内,目前,很多国际大品牌的面膜也都含量超标。这款面膜是由中草药制成的,几乎不含荧光粉与铅,所以见效比较慢。"

小张:"噢,这款面膜 360 元,有点贵,能不能便宜些?"

销售者:"这款面膜之所以价格高些,是因为采用中草药制成;另外,生产过程非常正规,是在无尘无菌车间完成的,全程无菌包装出成品。这些过程花费了大量资金,这些资金自然变成了商品的成本。而普通面膜无须这么麻烦,采用劣质的生产材料,生产过程不消毒,也不管顾客是否会二次感染,当然价格会低,但这是不

计后果的做法。这款面膜绝对物有所值,您要相信自己的眼光。"

小张:"好吧,我买一盒吧。"

思考:

1. 如果你是小张,你会被销售者说服吗?为什么?
2. 你认为上述销售者的哪些做法值得学习?

第四章　顾客购买心理分析

学习目标

1. 掌握顾客的购买动机和购买心理。
2. 掌握针对不同购买动机的顾客，如何进行销售。

案例导入

名画被毁

一位印度人有三幅画，这三幅画均出自名画家之手。这三幅画恰好被一位美国画商看中，这位美国人自以为很聪明，他认定：既然这三幅画都是珍品，必有收藏价值，假如买下这三幅画，经过一段时期的收藏会大大地涨价，那时自己一定会发一笔大财。他打定主意，无论如何也要买下这三幅画。

于是，他问那位印度人："先生，你的画不错，如果我要买，你看多少钱一幅？"

"你是三幅画都买呢，还是只买一幅？"印度人反问。

"三幅都买怎样？只买一幅又怎样？"美国人开始算计了。他的如意算盘是先和印度人敲定一幅画的价格，然后和盘托出，把其他两幅一同买下，肯定能占点儿便宜，多买少算嘛！

印度人并没有直接回答他的问题，只是表情上略显难色。美国人却沉不住气了，他说："那么，你开个价，一幅画要多少钱？"

这位印度人是一位地地道道的商业精，他知道自己的画的价值，而且他还了解到，美国人有个习惯，喜欢收藏古董名画，他要是看上，是不会轻易放弃的，肯出高价买下。并且他从美国人的眼神中看出，这个美国人已经看上自己的画，心中就有底了。

印度人于是装作漫不经心的样子回答："先生，如果你是真心诚意的，我看每幅给 250 美元吧！这够便宜的！"

美国画商并非商场上的庸手，他抓住多买少算的砝码，一美元也不想多出，于是两个人讨价还价，谈判一下陷入了僵局。

这位印度人灵机一动，计上心来，装作大怒的样子，起身离开了谈判桌，拿起一幅画就往外走，到了外面二话不说就把画烧了。美国人很是吃惊，他从来没有遇到过这样的对手，对烧掉的一幅画又惋惜又心痛。于是小心翼翼地问印度人剩下的两幅画卖多少钱。想不到烧掉一幅画后印度人要价的口气更是强硬，两幅画少了750美元不卖。

美国画商觉得太亏了，少了一幅画，还要750美元。于是，强忍着怨气还是拒绝，只是要求少一点价钱。

想不到，那位印度人不理他这一套，又怒气冲冲地拿出一幅画烧了。这回，美国画商可真是大惊失色，只好乞求印度人不要把最后一幅画烧掉，因为自己太爱这幅画了。接着又问这最后一幅画多少钱？

想不到印度人张口还是750美元。这一回画商有点儿急了，问："三幅画与一幅画怎么能卖一样的价钱呢？你这不是存心戏弄人吗？"

这位印度人回答："这三幅画出自知名画家之手，本来就有三幅的时候，相对来说价值小点儿。如今，只剩下一幅，可以说是绝世珍宝，它的价值已经大大超过了三幅画都在的时候。因此，现在我告诉你，这幅画750美元不卖，如果你想买，最低得出价1 000美元。"

听完后，美国画商一脸的苦相，没办法，最后以1 000美元成交。

启示：有时候1的价值是大于3的，因为物以稀为贵；然而，化1为3最关键的是要有印度人那种"毁画"的勇气。

（资料来源：孙庆群. 旅游心理学. 北京：化学工业出版社，2013.）

美国一项调查表明，通常超级销售者是一般销售者业绩的300倍，在众多的企业里，80%的销售业绩由20%的销售者创造。而这20%的销售者也并非就是俊男靓女，也不一定都能言善辩，唯一相同的就是他们都拥有迈向成功的方法。尽管，他们那些方法不可能完全相同，但却有共同之处，那就是洞悉顾客的心理。在销售过程中，研究顾客的心理，研究他们的购买流程、动机和原因，比那些费尽口舌却不讨好的推销方法有效得多。作为一名销售者，你只有掌握了顾客的心理，才有能在迅速变化的市场中占有一席之地的机会。

第一节　销售过程中的心理沟通

"成功的推销人员一定是一位伟大的心理学家。"每名销售者从找到顾客直至完

成销售,不仅需要周密的计划和细致入微的服务,更需要把握顾客的心理,与顾客进行心灵的沟通,才能较好地完成销售工作。

一、销售过程中对顾客购买心理的解析

俗话说:"知己知彼,百战不殆。"乘务员在推销过程中,对顾客购买心理的分析,是进行成功销售的重要因素之一。顾客在购买过程中会产生一系列复杂、微妙的心理活动,包括对所购买商品的数量、商品价格,以及如何支付等方面都会有所考虑。以上因素均能决定商品能否顺利推销成功。

> **案例:讨价还价中错失商机**
>
> 小李带女友小梅去逛街,小梅看上一条裙子,小李一看标价2 800元,觉得太贵,但是看见女友渴望的眼神,只好跟销售者讨价还价。
>
> 小李:"这套裙子太贵了,能不能便宜点。"
>
> 销售者:"不贵啊!这可是意大利名牌,又是今年的最新款,我们卖得是最便宜的!您要是有心买,给您打个九五折。"
>
> 小李:"六折!"
>
> 销售者:"不可能!哪有这么便宜的,我进货都不止这点钱,如果有那么便宜,你卖给我好了。这样吧,看您有心,给您最低价九折。"
>
> 小李:"九折太贵,最多七折,卖不卖?"
>
> **分析**:在这个案例里,销售者:"不贵啊!(这话一出,直接站到了顾客的对立面)这可是意大利名牌,又是今年的最新款,我们卖得是最便宜的!(这句话等于告诉小李,别的店还有,你可以到别的店里购买)您要是有心买,给您打个九五折。(销售者硬生生把小李想买的想法打消了)"如果我们学习了顾客的消费心理,就能够更好地把握顾客的心理,更好地促成销售。

1. 购买心理

购买行为是受一种或多种购买动机支配的。研究购买动机,就等同于研究购买行为,掌握购买动机,就好比掌握了销售的钥匙。

购买动机是直接驱使顾客出现某种购买活动的一种内部动力,反映了顾客在心理、精神和感情上的需求,实质上是顾客为达到需求采取购买行为的推动力。

在实际购买活动中,顾客购买商品或服务的心理是多种多样的,因而形成了各种具体的购买心理。

1）求实心理

求实心理是以注重商品或劳务的实际使用价值为主要目的的购买动机，这也是顾客普遍存在的心理动机。顾客购物时，首先要求商品必须具备实际的使用价值，讲究实用、实惠。与此同时，顾客在购买商品或劳务时，特别重视商品的实际效用、功能质量，讲求经济实惠、经久耐用，而对商品的外观、造型、色彩、商标、包装等不大重视。顾客在购买时大都比较认真、仔细，也不太受广告宣传的影响。一般而言，顾客在购买基本生活资料、日用品的时候，求实动机比较突出，而在购买为了享受的、较高档次的、价值较大的消费品时，求实动机不太突出。

2）求美心理

求美心理，是指以追求商品的美观为主要目的的购买动机。其主要表现是，顾客在购买商品时主要追求商品的欣赏价值和艺术价值，讲究商品造型、包装、色彩、样式的美观。这些顾客主要是中青年妇女、文化艺术界人士和购买礼品馈赠亲友的人。前者通常在衣着方面比较注意着装美，在家庭陈设方面比较注意雅观和环境美。他们既重视商品的使用价值，又重视商品的美学价值。他们是衣着、化妆品、首饰、工艺品等的主要购买者。后者，作为馈赠品购买者，特别注重商品的外观、包装，以示对被馈赠者的友好和敬重。

3）求新心理

求新心理，是指顾客以追求商品、服务的时尚、新颖、奇特为主导倾向的购买动机。顾客在购买商品时，特别重视商品的外观、造型、样式、色彩和包装等，追求新奇、时髦和与众不同，而对陈旧落后的东西不屑一顾。在购买时受广告宣传、社会环境和潮流导向影响很大。具有这种购买心理的顾客，一般来说观念更新较快，容易接受新思想、新观念，生活也较为富裕，并追求新的生活方式。具有这种购买心理的多为经济条件比较好的青年顾客。这类顾客对社会时尚比较敏感，他们是时尚商品和新商品的主要购买者。其核心是追求商品的新颖性和潮流性。

4）求简心理

求简心理，是指顾客追求购买商品的方式简单。顾客在购买商品时追求购买商品的方式简单、方便、快捷。例如，很多人喜欢去麦当劳购买快餐。

5）求名心理

求名心理，是指顾客追求名牌、高档商品，借以显示和提高自己的身份、地位而形成的购买动机。顾客对商品的商标、商店的牌号等特别重视，喜欢名牌商品，在购买时受商品的知名度和广告宣传等影响较大。在这种动机驱使下，顾客购买时几乎不考虑商品的价格和实际使用价值，只是通过购买、使用名牌来显示自己的身份和地位，从中得到一种心理上的满足。具有这种购买动机的顾客一般都具有相当的经济实力和一定的社会地位。此外，表现欲和虚荣心理较强的人，即使经济条件一般，也可能具有此种购买动机。一般而言，青年人、收入水平较高的人常常具有这种购买动机。

6）求廉心理

求廉心理，是指顾客购买商品以价廉实用为主要目标的购买动机。其主要表现是，顾客在购买商品时，对其价格特别重视，希望买到既实用又廉价的商品，在购买商品过程中喜欢对各类商品或同类商品的价格进行反复比较，然后决定是否购买。顾客由于收入有限，要将有限的收入支出到更多的商品上，使自己的生活水平有所提高，就必须重视商品的价格。其实，求廉心理在不同收入水平的顾客中都存在，只是程度不同，并且求廉心理的差别不仅受其收入的影响，还受其他方面因素的影响。换言之，一个人求廉动机的大小不完全由其收入多少所决定，个人偏好、生活方式、所处环境和从事的职业等也影响一个人求廉动机的大小。求廉心理可简单地分为两类：购买高级或高档商品时求廉，常常是在确定购买品种、款式后，希望能少花点钱。购买低级或低档商品时求廉，即对商品质量、花色、款式要求不高，只要商品价格低廉、实用就会购买，这类顾客特别喜欢购买处理、降价、折价商品。

7）偏好心理

偏好心理，是指人们由于兴趣爱好、生活习惯或职业等原因，成为某类商品的经常性购买者的一种心理。该类购买行为具有集中性、稳定性和经常性的特点。具有这类心理的顾客总是具有特殊的个人偏好，成为某类商品的经常性购买者，他们对所购买的商品具有很强的鉴赏力和丰富的知识。这类顾客的购买活动定型化。例如，有集邮、钓鱼、收藏和养花爱好的人，总是持续地购买相关的某一类型的特殊商品。再如，湖南、四川人走到哪里都爱吃辣的食物。

8）自尊心理

自尊心理，是指个体希望在各种不同的情景中，自认为有条件、有能力，能胜任某些工作实力的心理，这也是自信的表现。个体的自信一旦得到满足，便可在心理上产生积极的激励作用，使其对自己充满信心，对社会充满热情，体会到自己生活和工作的价值。

9）疑虑心理

疑虑心理，是指个体在购买或消费某商品的时候产生的疑虑心理，此种心理的人以老年人居多。例如，老年人在选购商品时总是担心怕别人欺骗，选购过程会小心翼翼。

10）安全心理

安全心理，是指个体在购买或消费某商品时，考虑更多的是此商品的安全性能。安全心理主要有两种表现形式：一是在使用商品过程中，希望商品的性能安全、可靠；二是为了人身与家庭财产的安全，顾客需要购买一些商品来换取平安，防止危害性事故发生。

11) 隐秘心理

隐秘心理，是指个体在购买或消费某商品的时候，产生的保护隐私的心理。如购买男性或女性用品时，顾客一般不喜欢被关注，在购物网站上很多商家都承诺在包装上不会出现敏感字眼。

12) 效仿心理

效仿心理，是指个体在购买或消费某商品的时候没有主见，别人买什么自己就买什么的一种心理。以下六类人更容易产生仿效心理。

第一，当情境模糊不清时。这是最关键的变量，决定人们在多大程度上会以他人作为信息的来源。当人不确定什么是正确的反应、适应的行为、正确的观点时，最容易受到他人的影响。一个人越是不确定，就越会依赖他人。

第二，当情况十分危急时。危急是另一个促使人们以他人作为信息源的因素，而且常常与模糊情境同时发生。在危急时刻，我们通常没有时间思考应该采取什么行动，但又需要立即行动，因此就很自然地观察别人的反应，然后照着做。

第三，当别人是权威人士时。一个人在他人眼中越有权威，则在模糊情境下别人越可能跟从他。例如，一名乘客看到飞机的引擎正在冒烟，他可能会去观察乘务员的反应，而不是他身边乘客的反应。

第四，个人在群体中的地位。个人地位的高低可在群体结构中得到反映。居于较低地位的群体成员常常感到高地位者施加给他们的从众压力，人们往往愿意听从权威者的意见，而忽视一般成员的观点。高地位者之所以能影响低地位者，使之屈服于群体规范，是因为他被认为有权利和能力。此外，高地位者比低地位者显得较自信、能干、经验丰富，能得到较多的信息，这样就赢得了低地位者的信赖。因此，群体中那些地位越高的人，越不容易屈服于群体的压力；反之，个体的地位越低，就越容易发生从众行为。

第五，群体凝聚力。群体的凝聚力越强，群体成员之间的依恋性、意见的一致性，以及对群体的从众倾向就越强烈，个体越有可能为了群体的利益而放弃个人的意见，与群体的意见保持一致。相反，如果群体是一个松散群体，群体成员之间的意见存在分歧，则群体中个人的从众行为就会大大下降。

第六，群体规模。群体规模影响从众行为，但也并不是群体规模越大，群体带来的压力越大。研究表明，群体规模一般为3~4人，对群体成员的从众行为影响最大。

13) 留念购买心理

顾客购买商品是为了记住当时的气氛、情景，留下回忆。例如，旅游场所总有各种纪念照的拍摄服务、纪念品的销售等，日常生活中有结婚纪念照、家庭生活录像，生日、节假日纪念品的销售等。

2. 不同性别顾客的消费心理

1）女性顾客的消费心理

女性顾客在消费时更注意商品的四个方面：第一，女性顾客更注重商品的外表和情感因素。女性顾客对商品外观、形状，特别是商品表现的情感因素十分重视，往往在情感因素作用下产生购买动机。商品品牌的寓意，款式、颜色产生的联想，商品形状带来的美感或环境、气氛中的温馨感觉等，都可以使女性顾客产生购买动机。购物现场的环境和销售者的讲解和劝说，在很大程度上会左右女性顾客的购买行为，有时甚至能改变她们之前已经做好的消费决定，使其转为购买促销的商品。第二，女性顾客会注重商品的实用性和细节设计。女性顾客心思细腻，追求完美，购买的商品主要是日常用品和装饰品，如服装鞋帽等，因此在购买商品时比男性更重视商品细节，通常会花费更多时间在不同厂家的不同商品之间进行比较，更关心商品带来的具体利益。同样的商品比性能，同样的性能比价格，同样的价格比较服务，甚至一些小的促销礼品，销售者热情的态度都会影响女性顾客的购买决定。这就要求我们对商品的细节做到尽善尽美，避免显而易见的缺陷。第三，女性顾客注重商品的便利性和生活的创造性。中国女性既要工作，又要做家务劳动，迫切希望减轻家务劳动量，缩短家务劳动时间，能更好地娱乐和休息。因此，女性顾客对日常消费品和主、副食的方便性有更强烈的要求。新的、方便的消费品会引诱女性顾客首先尝试，富于创造性的事物更容易使女性顾客充满热情，以显示自己独特的个性。第四，有较强的自我意识和自尊心。女性有较强的自我意识和自尊心，对外界事物反应敏感，她们以选择的眼光、购买内容及购买标准来评价自己、评价别人，希望自己的购买最有价值、最明智。在购买过程中，乘务员的表情、语言、评论、宣传都会影响女性顾客的自尊心，进而影响消费行为。

（1）女性顾客的消费类型。

① 冲动性消费。冲动性消费主要是指女性顾客消费时容易受到情感的影响。冲动性消费又分为盲目性消费和随意性消费。盲目性消费的女性顾客年龄为20～45岁，近似占到女性顾客的四分之一，其特征是购买计划性很弱，很容易受到同伴鼓励和促销手段的影响。

盲目性消费的女性顾客一般具有以下三种特征：第一，文化程度整体偏低；第二，年龄结构，以20～40岁的青年为主体；第三，个人收入偏低。

随意性消费的女性顾客的计划性强，不太冲动，不易受到外界影响，较有自主性。随意性消费的女性顾客一般具有以下四种特征：第一，年纪以35～39岁的中青年为主，也有一些25～29岁的青年女性；第二，个人月收入在5 000元以上；第三，文化程度相对较低；第四，职业则以专业技术人员、医生、教师、公司职员、企业管理人员为主，也包括一些家庭妇女。

② 理性消费。理性消费的特点是购物计划性很强，不容易受打折、促销等外界因素的影响。具有理性消费特点的女性，购物时表现很强的计划性，一般月收入多为 2 500 元以下的中、低收入者；年纪一般集中在 30～34 岁，文化程度相对分散，有初等文化，也有中等文化；在职业分布上，以无业人员、城市一般职工、个体户居多；深思熟虑的女性顾客占比较低。

（2）女性顾客消费的影响因素。

① 广告影响。女性顾客最容易受打折、广告和推销等的影响，并产生消费。价格是诱惑消费的一大因素，另外一个影响力更大的因素就是媒体、杂志上铺天盖地的广告。

② 从众心理。从众心理是指个人受到外界人群行为的影响，而在自己的知觉、判断、认识上表现符合公众舆论或多数人的行为方式。实验表明只有很少的人保持了独立性，没有被从众，所以从众心理是部分个体普遍的心理现象。

③ 注重外观。求美心理严重，追求时尚，追求革新，表现时代。青年女性顾客在购物时，时尚的外观、样式，精美的包装等，都能使她产生购买欲望，容易冲动。

④ 价格敏感。在青年女性顾客中，24 岁以下的顾客对价格尤为注重，因为大多数人经济实力不够，在购物时，特别注意促销打折的商品，希望买到物美价廉的商品。而且，在生活中会常常因为价格优惠，而购买并不需要的东西。

购买行为主动，目的模糊。通过调查可以得知，在青年女性顾客中，绝大多数人喜欢购物，把购物当成一种兴趣，每次花费的时间较多，购物也没有明确的目的，大多只是随便看看。

⑤ 环境影响。女性顾客在选购商品时，比较容易受购物环境因素的影响，如商店的环境、现场营业推广、购物现场的气氛、营业员的服务态度，以及其他顾客的意见，尤其是陪同者的意见。在这些环境因素的影响下，其消费行为中容易出现从众行为。

选择细腻，注重细节。女性顾客购买商品较挑剔，选择性强，注重细节。在购物时，十分细腻、认真，会因为对一些细节的不满意而放弃购买商品。

2）男性顾客的消费心理

（1）注重品牌与质量。男性顾客购物时，一般选择去档次高一点的消费场所。其中，在职人员更加注重品牌，喜欢选购高档、气派的商品，而且不太注重价格，相比之下，学生比较在意价格，权衡之下选择适合自己的品牌。相比较女性顾客而言，男性顾客的消费行为就理性多了。男性顾客会结合实际购买东西，不会因为价格而影响自己的购买行为，那么男性顾客消费的共同特征有哪些呢？男性顾客在购物时，特别是购买生活日用品、家用电器时，较注重商品的基本功能、实际效用；在购买大件、贵重商品时，有较强的理性支配能力。

（2）购买目的明确。男性顾客有时处于被动地位，不喜欢购物，经常是因为陪家人或者急需某个东西才去采购。当自己急需购买商品时，常常会把自己需要的东西提前想好，快速购置，每次花费的时间较短，速战速决，不像女性顾客那样喜欢货比三家。男性顾客购物一般是需要什么就买什么，不会漫无目的地购物。男性顾客看重商品的实用性，一般不会购买一些看上去高端、大气却没什么用途的东西。

（3）求新、求异的心理强于女性。男性顾客相对于女性顾客具有攻击性和支配性，他们对新商品往往有较高的需求，而且大部分男性顾客有个人的特殊爱好，例如，有人喜好花鸟虫鱼，有人喜欢垂钓，有人喜欢收藏，有人喜欢郊游、摄影。

（4）理性消费，不易受外界的影响。男性顾客需要什么一般都自己做决定，朋友的意见不会特别重要，也不会因为外观、环境及其他原因诱发对不需要商品的购买欲望。男性顾客很少被促销人员影响或感动而产生购买冲动，购物的欲望和定力较好。

3．不同年龄段顾客的消费心理

处于不同年龄阶段的顾客，由于生理状况、兴趣爱好的不同，对商品的需求也不同。随着社会经济的发展及居民收入的提高，各阶段顾客的需求发生了巨大变化，这是实际销售中不能忽略的因素。

1）少年顾客的消费心理

（1）消费的依赖心理。由于少年顾客的购买能力还没有完全独立，在购买商品时，往往缺少自己的主见。因此，他们表现出很强的依赖性，而且年龄越小，依赖性越大。他们只考虑要购买商品，而不考虑如何购买。父母、老师对其购买决策有重要影响。

（2）消费的模糊心理。少年顾客，没有太多的生活和经验，不熟悉购物活动，缺乏选购能力，有较强的购物欲望，尤其受媒体的影响，或看到同伴拥有某种物品，所变现的欲望更为强烈。所以，少年顾客在琳琅满目的商品面前犹豫不决、左顾右盼等不稳定的、复杂的心理活动，受外界因素的调节和支配。

（3）消费的好奇心理。少年顾客具有天真的心理特点，他们纯真、幼稚，有童话般的幻想色彩。因此，在购物时也就表现出好奇的消费心理，对制作简单且包装内附带各种小玩具的商品备受青睐。例如，小猪佩奇巧克力彩蛋（如图 4-1 所示），里面有巧克力和小玩具，少年特别喜欢。

（4）消费的直观心理。少年对外界事物的认识主要通过直观、表象的形式，缺乏逻辑思维，不注意商品和生产厂家、比较商品的质量和性能等。小猪佩奇是一部收视率很高的动画片，所以很多少年顾客喜欢买印有小猪佩奇图案的食品和玩具（如图 4-2、图 4-3 所示），而不考虑其他因素。

图 4-1　小猪佩奇巧克力彩蛋

图 4-2　印有小猪佩奇的食品

图 4-3　印有小猪佩奇的玩具

（5）消费的可塑心理。少年顾客处于认识事物的学习阶段，易于接受新事物。同时，他们的思维模式尚未定型，对老师、家长、课本和传播媒体上的观点往往深信不疑。在消费心理上，容易被动人的推销、宣传说服和左右。

2）青年顾客的消费心理

青年顾客追求新颖、有特色、个性化的商品。青年顾客的自我意识是青年个性发展的最集中的表现之一，青年的独立意向非常强烈，内心丰富、热情奔放、富于幻想。青年顾客在购物上喜欢能表现个性心理的商品，追求时尚和浪漫。

青年顾客的精神消费日益充实。青年顾客在吃、穿、住、用等物质消费水平提高后，为满足自身发展和发挥体力、智力，精神消费支出也越来越多。青年顾客订购书籍、报刊进行学习或消遣，参加各种各样的文化培训班、兴趣班。同时，青年的旅游热方兴未艾。

青年顾客的人情消费也在不断发展。人情消费是指青年在礼尚往来方面的花费。青年的人情消费范围广、名目多，在航班上容易买礼物送人。

3）中年顾客的消费心理

中年顾客以理智指导消费，即从所处社会地位和家庭实际情况出发进行消费，较注意计划开支，讲求经济实用、质优价廉，能更多地考虑家中其他人的需求；对传统的购买习惯比较尊重，较多考虑他人的看法；男性顾客愿意把较多的收入用于自己的事业与爱好等方面，女性顾客在穿着上不想有过多的花费。

4）老年顾客的消费心理

（1）心理惯性强。老年顾客对品牌的偏爱一旦形成，就很难轻易改变。他们大多是老字号、老商店的忠实顾客，是传统品牌、传统商品的忠实购买者。他们往往对传统商品情有独钟。

（2）价格敏感度高。老年顾客对商品的普遍要求是物美价廉。他们认为"勤俭节约"是一种美德，吃饭要"粗茶淡饭"。在这种节俭传统的影响下，老年人购物，一方面注意价格，择廉选购；另一方面，要求实惠。

（3）注重实际。老年顾客心理稳定程度高，注重实际，较少幻想。以方便、实用为主，在购买过程中，要求商家提供方便、良好的购物环境和服务。

（4）补偿性消费特征。补偿性消费是一种纯粹的心理性消费，它是一种心理不平衡的自我修饰。在生活中追忆往事是老年人的心理特征，而向往和憧憬未来是青年人的心理特征。由于子女成人独立后，老年人的经济负担减轻了，他们会试图补偿过去因条件限制未能实现的消费愿望。他们在美容美发、穿着打扮、营养食品、健身娱乐、旅游观光等消费方面有较强烈的消费兴趣。

（5）"隔代"消费比重大。中国老年顾客的补偿心理还有一个重要而特别的方面，就是"隔代"消费比重大。

小资料:"隔代"消费比重大

复旦大学的调查显示,老年顾客用于隔代子女的消费仅次于自身需求的消费。中国城镇家庭的组成模式是"4+2+1"模式,独生子女得到了爷爷、奶奶、姥姥、姥爷和双亲的绝对关注。由于竞争压力的增大,子女工作繁忙,无暇过多陪伴老人和孩子。同时,由于中国传统观念的影响,许多老年人认为继续照顾第三代人是他们的责任和义务,所以老年人往往将情感倾注到孙辈身上。为了弥补自己年轻时,由于经济能力有限等方面的原因造成的花在子女身上的消费相对较少的遗憾,老年人在对第三代人的消费上显得尤为大方,他们往往不太注重商品的价格等因素,甚至出现倾向于购买高价格商品的趋势。这时的消费已经不能等同于老年顾客为自己购买商品时的特征,而表现出某些青年人消费的行为特征。

(资料来源:百度百科)

二、挖掘顾客的消费心理

服饰是一个人的社会符号,从服饰上,可以看出一个人的经济水平、文化程度、社会地位、家庭教养、思想品行等。销售者要善于观察和分析,由表及里,洞察顾客表面之下的真实情况,对顾客进行准确定位,促成销售成功。我们常说"人靠衣裳马靠鞍",不同经济水平的人,在穿着上也是各有特色,从其服饰的款式、质地很容易判断出一个人的经济实力。

一般地,女性对服饰是十分看重的,因此也比较容易看出其在经济地位上的差别。例如,有些女性顾客生活宽裕,经济负担轻,在消费上比较慷慨大方,舍得在与个人生活和事业紧密相关的东西上花钱,如化妆品、包、首饰等。

相对来说,男性的服饰不会像女性那样具有很大的区别。一般年轻的男性白领在服饰上会表现得比较张扬,在吃穿用度上有自己的新主张,追求时尚、健康,服饰以简洁、个性为特色。成熟稳重的成功男士,其服饰的样式会比较简单,但是面料却非常好,一般为毛料、纯棉、真丝,既有光泽又很平滑。

学会从服饰看一个人的经济实力和消费品位,就很容易在销售时巧用应对策略,让不同的顾客都买到自己喜欢而且满意的商品,为自己赢得更多的利益。

三、分析顾客的消费心理差异

顾客在购买活动中所产生的感觉、知觉、记忆、思维等心理过程,体现了心理活动的一般规律。按照性别的不同,男性顾客和女性顾客在消费心理方面有明显的不同。

（1）男性顾客注重理性，女性顾客注重情感、喜欢从众。一般男性顾客在消费过程中较理性，购物时更注重商品的实际功效，不会因为外界环境的影响或者商品本身而购买。女性顾客则比较感性，其消费行为带有很浓的感情，大多购买的是日常生活用品，对其外观、形象、情感特征很重视，往往在感情的作用下产生购买欲望。导致情感产生的因素是多方面的，如商品名称、款式色彩、商品美感、环境气氛等，且冲动性购买的情况比较多。另外，女性顾客对商品的情感反映程度与其本身的联想能力有关。所以男性顾客通常表现的是求实的购买动机，而女性顾客是求美、求新和模仿的购买动机。

（2）男性顾客具有强烈的自尊心、好胜心，不太注重商品的价值，购物时不太注重商品的价格，而女性顾客对价格十分敏感。所以，大多有经济条件的男性顾客在购物时都喜欢买名牌商品，显示或提高自己的身份和地位，一贯奉行"一分钱一分货"的原则，彰显自己非常有品位，而不计较其昂贵的价格。女性顾客则喜欢购买物美价廉的东西。当然，不排除有少数女性顾客喜欢名牌商品带来的心理上的满足感和虚荣心。男性顾客的购买动机通常是求名，女性顾客的购买动机则是求廉。

（3）大多男性顾客的购买动机具有被动性，且不如女性顾客强烈，购买频率也远远低于女性顾客。很多女性顾客视购物消费为乐，愿意花较多的时间去消费，而且年龄在24岁以上的青年女性顾客平均每月花费在购物上的时间、精力更多，因为在这个年龄段中的顾客基本都是在职人员，经济和时间条件都允许。而且，还有一部分已经成家的女性顾客，需要经常购买生活用品、老人用品或者儿童用品等。而男性顾客除满足自己的需求外，购买动机的形成往往是外界因素的作用，如家里人的嘱咐、陪同他人等，购买动机的主动性、灵活性都比较差。

（4）男性顾客的动机形成比女性顾客果断，且通常能立即导致购买行为。在购买东西时，男性顾客只是询问大概情况，对某些细节不予追究，不会斤斤计较，也不会花太多的时间去挑选商品；而女性顾客则追求完美，总是因为某些小原因而后悔购买商品。

（5）男性顾客和女性顾客由于个性和兴趣不同，所以对商品的喜好程度不同。男性顾客一般对高科技商品和具有男性特征的商品比较感兴趣，而女性顾客对服装、食品等比较感兴趣。

第二节　针对顾客心理的营销分类

一、顾客需求营销

顾客需求是指顾客的目标、需求、愿望，以及期望。根据顾客需求的非对称性特点，将顾客的需求分为必备需求、单向需求和吸引需求三类。

必备需求，是指顾客对企业提供的商品或服务因素的基本要求，是企业为顾客提供的承诺性利益。如果这些要求没有得到满足，顾客会非常不满意。相反，如果这些要求得到了满足，顾客也不会因此产生更高的满意度。

单向需求，是指顾客的满意状况与需求的满足程度成比例关系的需求，是企业为顾客提供的变动性利益，如价格折扣。企业提供的商品或服务水平超出顾客的期望越多，顾客的满意状况越好；反之，亦然。

吸引需求，是指既不会被顾客明确表达，也不会被顾客过分期望的需求，是企业为顾客提供的非承诺性利益。但吸引需求对顾客满意状况具有很强的正面影响。具有这类需求特征的商品或服务因素一旦得到满足，将会对顾客的满意状况产生超比例的提升；相反，即使没有满足顾客的这类需求，顾客的满意状况也不会明显下降。

二、针对顾客性别差异的营销

1. 对女性顾客的营销

在制定营销策略时，应针对女性顾客的心理特征及购买行为采取适当的措施。例如，餐车布置应注意明朗、热情，商品的设计、色彩、款式要注意诱发顾客的感情，商品的包装、经营方式要新潮。向女性顾客介绍商品的好处和具体利益，比向她们介绍商品的质量和性能更有意义。对女性顾客要以实用性和具体利益为出发点，既提供给她们方便的消费品，又尽可能让他们发挥创造的作用。在介绍商品的过程中，要满足女性顾客的自尊心，销售者的用语要规范而有礼貌，以博得女性顾客的好感。

2. 对男性顾客的营销

在制定营销策略时，应针对男性顾客的心理特征及购买行为采取适当的措施。例如，商品的包装新颖大方、简单方便，销售者销售、介绍要突出商品的实用性、个性，如金利来领带的广告语"成功男人的世界"。

三、针对不同年龄段顾客的营销

1. 针对少年顾客的营销

在制定营销策略时，应针对少年顾客的心理特征及购买行为采取适当的措施。

在商品选择上，要能从直观样式来判断其优劣，必须在商品的造型和外观上下功夫，使之造型奇特、活泼有趣、色彩斑斓、形状各异、功能多样、包装精美。在进行主持词介绍时，要使用活泼的形象、悦耳的声音，让少年顾客感受到无穷的乐趣和兴奋，或者采用变幻、神秘、新奇的手段迎合少年顾客的好奇心理。而且在销售过程中，要以少年顾客的身心健康为主体。

2. 针对青年顾客心理的营销

在制定营销策略时，应针对青年顾客的心理特征及购买行为采取适当的措施。要及时推出反映时代潮流、采用先进技术、美观实用的新商品；同时注意把握青年顾客心理共性及个性的差异，把经营的商品与青年顾客的气质、性格、兴趣、爱好等联系起来，通过有特色的主持词和促销手段，刺激其产生购买动机，促成购买行为。

3. 针对中年顾客心理的营销

在制定营销策略时，应针对中年顾客的心理特征及购买行为采取适当的措施。销售者在介绍商品时要介绍商品的实际效用、合理的价格、较好的外观，三者兼顾；由于中年顾客工作、生活都处于人生负担最沉重的阶段，为了减轻这种负担，对能提供便利性的商品更乐于购买。

4. 针对老年顾客心理的营销

在制定营销策略时，应针对老年顾客的心理特征及购买行为采取适当的措施。销售者在销售过程中要明确标价，清晰说明，同时做到服务周到、手续简便，以提高老年顾客的满意程度。老年顾客对满足兴趣爱好的商品的购买支出明显增加，一般在美容、衣着、营养食品上愿意支出。

四、针对顾客购买动机的营销

在识别顾客购买商品的各种动机之后，应针对这些动机制定相应的营销策略。顾客的购买动机一般具有多种，对于显性动机，可采取直接沟通的方式；对于隐性动机，由于人们不愿公开承认，则往往需要采用间接的沟通方式。对购物冲动的女性顾客，可用时尚、潮流等因素打动她们；对自主随意的女性顾客，可用高品质、高质量、良好的购物环境等因素打动他们。无论追求外在包装，还是内在效用，女性顾客的挑剔和追求完美的天性会加重其对商品各种细节的审查。

顾客心理是顾客在满足需求活动过程中的思想意识，它支配着顾客的购买行为。

影响顾客购买商品的心理因素有购买动机、感受动机、态度动机、学习动机。

1. 购买动机

动机是使个人需求得到满足的一种驱动和冲动。顾客购买动机是指顾客为了满足某种需求,产生购买商品的欲望和意念。

购买动机按照性质分类,可以分为生理性购买动机和心理性购买动机。

(1)生理性购买动机,是指顾客为保持和延续生命有机体而引起的各种需求所产生的购买动机。例如,顾客为了寻求温饱安全、组织家庭、繁衍后代、增强体质与智力,需要各种商品以满足这些欲望,而这些动机都是建立在生理需求的基础上的。生理性动机又可分为维持生命的动机、保护生命的动机、延续生命的动机、发展生命的动机等。

(2)心理性购买动机,是指人们由于心理需求而产生的购买动机,顾客个体心理因素是激发其心理性购买动机的根源。心理性购买动机比生理性购买动机更为复杂多样。特别是当经济发展到一定水平,社会信息传播技术更加现代化,顾客与社会的联系更加紧密,激起人们购买行为的心理性购买动机就越重要。根据人们的心理活动,以及对情感、意志等心理活动过程的研究,可将心理动机归纳为以下三类。

① 感情动机,是指由于个人的情绪和情感心理方面的因素而引起的购买动机。根据个人感情的不同的侧重点,可以将其分为三种消费心理倾向:求新、求美、求荣。

② 理智动机,是指建立在对商品的客观认识的基础上,经过充分的分析比较后产生的购买动机。理智动机具有客观性、周密性的特点,在购买中表现为求实、求廉、求安全的心理。

③ 惠顾动机,是指对特定的商品或特定的商店产生特殊的信任和偏好而形成的习惯重复光顾的购买动机。这种动机具有经常性和习惯性特点,表现为嗜好心理。

人们的购买动机不同,购买行为必然是多样的、多变的。要求企业营销深入、细致地分析顾客的各种需求和动机,针对不同的需求层次和购买动机设计不同的商品和服务,制定有效的营销策略,获得营销成功。

2. 感受动机

感受是指人们的感觉和知觉。所谓感觉,就是人们通过感官对外界的刺激物或情境的反应或印象。随着感觉的深入,各种感觉到的信息在头脑中被联系起来,进行初步地分析综合,形成对刺激物或情境的整体反应,就是知觉。知觉对顾客的购买决策、购买行为影响较大。在刺激物或情境相同的情况下,顾客有不同的知觉,

他们的购买决策、购买行为就截然不同。因为顾客的知觉是一个有选择的心理过程：有选择的注意、有选择的曲解、有选择的记忆。

分析感受对顾客购买行为的影响，目的是要求销售者掌握这一规律，充分利用营销策略，引起顾客的注意，加深顾客的记忆。

3．态度动机

态度通常是指个人对事物所持有的喜欢与否的评价、情感上的感受和行动倾向。态度对顾客的购买行为有很大的影响，企业销售者应该注重其对顾客态度的研究。

顾客态度来源于：与商品的直接接触，受他人直接、间接的影响，家庭教育与本人经历。顾客态度包含信念、情感和意向，它们对购买行为都有各自的影响作用。

（1）信念，是指人们认为确定和真实的事物。在实际生活中，顾客不是根据知识，而常常是根据见解和信任作为他们购买的依据。

（2）情感，是指商品和服务在顾客情绪上的反应，如对商品或广告喜欢还是厌恶。情感往往受顾客本人的心理特征与社会规范的影响。

（3）意向，是指顾客采取某种行动的倾向，是倾向于采取购买行动，还是倾向于采取拒绝行动。顾客态度最终落实在购买的意向上。

4．学习动机

学习是指由于经验引起的个人行为的改变，即顾客在购买和使用商品的实践中，逐步获得知识和积累经验，并根据经验调整自己的购买行为的过程。学习是通过驱动力、刺激物、提示物、反应和强化的相互影响、相互作用而进行的。企业通过各种途径给顾客提供信息，如重复广告，目的是达到加强诱因、激发驱策力、将人们的驱动力激发到马上行动的地步。同时，企业在提供商品和服务时要始终保持优质，顾客才有可能通过学习建立起对企业品牌的偏爱，形成其购买本企业商品的习惯。

五、针对顾客购买行为的营销

顾客购买行为，是指人们为了满足个人、家庭的生活需求，或者企业为了满足生产的需求，购买商品或服务时所表现的各种行为，以及购买商品的决策过程。

1．购买行为的分类及营销方式

顾客购买行为主要有：复杂型购买行为、协调型购买行为、变换型购买行为和习惯型购买行为。

1）复杂型购买行为

复杂型购买行为，是指顾客面对不常购买的贵重商品，由于商品品牌差异大、购买风险大，顾客要有一个学习过程，广泛了解商品的性能、特点，从而对商品产生某种看法，最后决定购买的顾客购买行为。

营销策略：销售者应采取有效措施帮助顾客了解商品性能及重要性，并介绍商品优势及其给顾客带来的利益，从而影响顾客的最终选择。

2）协调型购买行为

协调型购买行为，是指对那些对品牌差异不大的商品，顾客不经常购买，而购买时又有一定的购买风险的行为。所以，顾客一般要进行比较，只要价格公道、购买方便、机会合适，顾客就会决定购买；购买之后，顾客也许会感到某些不协调或不够满意，在使用过程中，会了解更多情况，并寻求种种理由来减轻、化解这种不协调，以证明自己的购买决定是正确的顾客购买行为。

营销策略：针对这种类型的购买行为，销售者应注意运用价格策略和推销策略，选择最佳销售地点，并向顾客提供有关商品评价的信息，使其在购买后相信自己做出了正确的选择。

3）变换型购买行为

变换型购买行为，是指对于品牌差异明显的商品，顾客不愿花太长时间来选择和评估，而是经常变换商品品牌的顾客购买行为。

营销策略：顾客经常变换商品品牌并不是因为对商品不满意，而是为了寻求多样化。针对这种类型的购买行为，销售者可采取销售促销和占据有利货架位置等办法，保障供应，鼓励顾客购买。

4）习惯型购买行为

习惯型购买行为是指对于价格低廉、经常购买、品牌差异小的商品，顾客不需要花时间选择，也不需要经过收集信息、评价商品特点等复杂过程才购买的最简单的消费行为。

营销策略：利用价格策略与销售策略吸引顾客购买；开展大量重复性的广告，加深顾客的印象；增加顾客购买商品的参与程度和品牌差异性。

2. 购买行为的基本特征

企业要在市场竞争中能够适应市场、驾驭市场，必须掌握顾客购买行为的基本特征。

1）多而分散

消费涉及每个人和每个家庭，顾客多而分散。由于顾客所处的地理位置各不相同，闲暇时间不一致，造成购买地点和购买时间的分散性。

2）量少频率高

顾客购买商品是以个人和家庭为单位的，由于受到消费人数、需求量、购买力、储藏地点、商品保质期等很多因素的影响，顾客为了保证自身的消费需求，往往购买时批量小、批次多。

3）差异性购买

顾客购买商品因受年龄、性别、职业、收入、文化程度、民族、宗教等影响，其需求有很大的差异性，对商品的要求也各不相同，而且随着社会经济的发展，顾客的消费习惯、消费观念、消费心理不断发生变化，从而导致顾客的购买差异性较大。

4）非专业性购买

绝大多数顾客购买商品时缺乏相应的专业知识、价格知识和市场知识，尤其是对某些技术性较强、操作比较复杂的商品，更显得知识匮乏。在多数情况下，顾客购买时往往受感情的影响较大。因此，顾客很容易受广告宣传、商品包装，以及其他促销方式的影响，产生购买冲动。

5）流动性购买

顾客购买必然慎重选择，加之在市场经济比较发达的今天，人员在地区间的流动性较大，因而导致消费购买的流动性很大，顾客购买经常在不同商品、不同地区及不同企业之间流动。

6）周期性购买

有些商品，顾客需要常年购买、均衡消费，如食品、副食品、牛奶、蔬菜等生活必需商品；有些商品，顾客需要按季节或节日购买，如一些时令服装、节日消费品；有些商品，顾客需要等商品的使用价值基本消费完毕才重新购买，如家用电器。这就表现出顾客购买商品有一定的周期性可循。

7）时代性购买

顾客购买常常受时代精神、社会风俗的导向，从而对消费购买产生一些新的需求。例如，APEC会议以后，唐装成为时代的风尚，随之流行起来；再如，社会对知识的重视，对人才的需求量增加，从而使人们对书籍、文化用品的需求明显增加。这些都显示出消费购买的时代特征。

8）发展性购买

随着社会的发展和人们的消费水平、生活质量的提高，消费需求也在不断向前推进。过去人们只要能买到商品就行，现在追求名牌；过去不敢问津的高档商品，如汽车等，现在有人消费；过去人们自己承担的劳务，现在由劳务从业人员承担等，这种新的需求不断产生，而且是永无止境的，使顾客购买具有发展性特点。

认清顾客购买商品的特点的意义是十分重大的，它有助于企业根据顾客购买特征来制定营销策略，规划企业经营活动，为顾客提供满意的商品或劳务，更好地开展市场营销活动。

3. 影响购买行为的因素

影响顾客购买行为的因素主要是消费心理、商品信息刺激、商品宣传刺激、差异性因素和商品感知。

1）消费心理

它包括性格特性、经验和消息、价值观与态度等因素。每个人在性格上都有自己的独特性，所以每个人存在不同的需求和购物动机。过去购物的经历或经验，作为一种可以察觉的（意识记忆）或无法察觉的记忆（潜意识记忆），影响顾客的购买思维及行为方式；顾客独立的态度与价值观，这是每个人的概念、信息、习惯及动机的组合，它既受厂商销售宣传的影响，也受实际经验的制约而影响顾客的购买行为。

2）商品信息刺激

顾客的购买行为是一个接受外界销售环境中商品信息刺激、影响的结果。这些商品信息所产生的刺激主要有两种：第一种是物理性刺激，顾客通过感觉接收器官，如眼、耳、口、鼻、手等所接收的刺激；第二种是社会性刺激，顾客家庭的需求、社会的道德规范、社团或朋友的期望等引起的刺激。当向顾客输入的商品信息对顾客的刺激没有达到"系统、有效、及时"的程度，顾客就不会产生购买行为。

3）商品宣传刺激

顾客购买商品的目的是满足自己的需求，所以，顾客激发作用的产生是受"需求激动"影响的，当需求没有满足时，他会产生"需求激动"，个人内在系统会呈现不平衡现象，感觉不舒服（如饥饿难熬、感到寒冷或穿着尴尬），于是采取行动（如购买食物或衣物等）减轻这种感觉。但是当厂商对商品效用宣传不足以激发顾客注意时，顾客就不会选择该商品。

4）差异性因素

差异性因素，是指厂商与顾客之间不同的价值标准和文化差异，成为影响顾客购买行为的重要障碍。厂商的行为方式与顾客的行为方式存在差异，各有优、缺点。当厂商没有主动与顾客沟通时，顾客的购买行为就受到影响。厂商与顾客处在不同的社会文化背景下，如果双方没有互相学习，建立互信的文化价值关系，顾客就不可能主动购买。文化的灵活性不够，营销既是一种商品的交换，也是一种文化的交流，双方在商品销售中没有进行行为调整，没有建立文化差异之间的桥梁。

5）商品感知

当顾客的思维系统被激发后，他就会变得主动与警觉，但在购物过程中会碰到各种各样的刺激，有语言、文字、图形、实物等广告宣传，他会利用"比较历程"，有选择地吸收或输入刺激。在选择过程中，个人过去的经历或经验都会影响他的购买决定。经历或经验将提醒他哪类刺激对自己是有用的或是无用的，然后做出购买决策。顾客在做购买决策时，会评价商品信息和受到的刺激程度，会选择对个人最有意义的刺激项目。知觉具有很强的选择性，个人往往愿意接受与自己价值观或态度相融合的事物。

第三节　客舱心理销售训练

一、好奇接近法营销训练

销售者要学会辨别顾客的购买动机，在实际的客舱销售过程中，大部分的顾客对客舱中销售的商品感到好奇，要充分利用顾客的好奇心理，学会用好奇接近法接近顾客，创造顾客需求，敲开顾客的大门。

1. 好奇接近法

唤起顾客的好奇心有以下三种方法。

（1）用绚丽的色彩和包装来激发顾客的爱美之心。比如：客舱中销售的可爱的飞机公仔、个性的闹钟。

（2）展现商品的优良品质。比如：客舱中销售的免税品，由专门的供应商提供商品，并提供完善的售后服务。

（3）提出一个有吸引力的问题。先了解顾客的需求，销售的商品一定要跟对方的需求联系起来，否则创造再多的需求也达不到营销的目的。

在激发顾客好奇心的时候应注意以下两点。

（1）无论是利用语言、动作，还是利用其他方式引起顾客的好奇心理，都应该与营销活动有关，否则无法进入面谈。比如：在客舱中，销售者在讲解商品主持词时，要注意语速、语调，眼睛要关注客舱中顾客的反应。无论利用什么方法引起顾客的好奇心理，必须真正做到出奇制胜。

（2）要制造一些悬念，给顾客一些想象的空间。比如：防晒套装和丝巾，在飞往三亚的航班上应该格外好卖，销售者可以给顾客一些想象的空间，如蓝天、碧海、椰风、海韵、沙滩，无论哪个词都能联想到三亚的骄阳烈日，这样防晒套装和丝巾就有充分的需求。

2. 针对导入案例，分析年轻销售者是如何根据好奇接近法把握顾客的购买动机的？

3. 情景模拟

在三亚飞往哈尔滨的飞机上，有很多"候鸟老人"返回北方，乘务员小李主要负责今天的客舱销售工作，今天售卖的商品主要有飞机公仔、飞机模型、可爱的闹钟等，如果你是小李，如何利用好奇接近法来刺激顾客购买商品。

二、刺激需求训练

案例导入

老太太想买水果，遇到了三个不同的店主。

A. 第一家水果店

老太太："有李子吗？"

店主A："老太太，买李子呀，你看我这里的李子又大又甜，刚进货回来，新鲜得很呢！"

结果：老太太扭头走了，没有买。

B. 第二家水果店

老太太："有李子吗？"

店主B："老太太，买李子呀？"

老太太："嗯。"

店主B："我这里的李子有酸的、有甜的，那您需要哪一种？"

老太太："我想买一斤酸李子。"

结果：老太太买了一斤酸李子就回去了。

C. 第三家水果店

老太太："有李子吗？"

店主C："老太太，买李子呀？"

老太太："嗯。"

店主C："我这里的李子有酸的、有甜的，那您需要哪一种？"

老太太："我想买一斤酸李子。"

> 第三位店主再给老太太称酸李子时聊到:"在我这里买李子的人一般喜欢甜的,可您为什么要买酸的呢?"
>
> 老太太:"最近儿媳妇怀孕了,特别喜欢吃酸李子。"
>
> 店主C:"哎呀!那要特别恭喜您老人家要抱孙子了!有您这样会照顾人的婆婆,可真是您儿媳妇天大的福气。"
>
> 老太太:"哪里哪里,孕期当然最要紧的是吃好、胃口好、营养好啊!"
>
> 店主C:"是呀,孕期的营养是最关键的,要多补充高蛋白的食物,听说多吃维生素丰富的水果,生下的宝宝会更聪明些。"
>
> 老太太:"是呀!哪种水果含的维生素更丰富些呢?"
>
> 店主C:"很多书上说猕猴桃含维生素最丰富!"
>
> 老太太:"那你这有猕猴桃吗?"
>
> 店主C:"当然有,您看我这进口的猕猴桃个大汁多,含维生素多,您要不先买一斤回去给您儿媳妇尝尝!"
>
> 结果:老太太不仅买了一斤酸李子,还买了一斤进口的猕猴桃,而且以后几乎每隔一两天就要来这家店里买各种水果。
>
> 分析:
>
> 店主A是一个不合格的销售者,只是告诉顾客自己的商品如何好,而不了解顾客需要什么;
>
> 店主B是一个合格的销售者,懂得通过简单的提问满足顾客的一般需求;
>
> 店主C是一个优秀的销售者,他不仅仅了解和满足顾客的一般需求,而且还挖掘顾客的潜在需求。

在客舱销售过程中,作为销售者要学会挖掘顾客的潜在需求。乘机是顾客的基本需求,而在机上用餐、购物是需求背后的需求,销售者只要学会把握顾客的心理是可以挖掘顾客需求的,但是在发掘过程中要注意把握不同顾客的购买行为是不一样的。

1. 创造顾客需求的技巧

1)价格观念创新法

通过改变顾客原有的价值观,使其对推销商品产生新的认识,从而增加需求,扩大销售。比如:脑白金的广告语"今年过节不收礼,收礼只收脑白金",脑白金改变了人们认为消费保健品的观念是自用,而它的定位是送礼的佳品。在顾客的传统观念里,乘坐飞机是比较高档的,在飞机上消费是一件很奢侈的事情,但是,事实是客舱销售的商品并不是我们想的那样价格高昂，在销售的过程中给顾客传递一种信息，客舱中销售的商品是价格低廉又有质量保障的。

2）改变生活模式

销售者要留意生活中的新观念带来的市场机会，向顾客灌输新思想，使之接受推销商品。比如：第一次世界大战时期，美国有一位叫哈利的大富翁，他是一个做生意的奇才。15岁时，他在一个马戏团当童工，主要工作是卖柠檬冰水。为此，哈利动起来小脑袋，在马戏开始前，他站在门口大喊："来，来，好吃的花生米，看马戏的人每人赠送一包，不要钱。"听到的观众都被吸引过去。高兴的拿走不要钱的花生，进去看马戏。可哈利在炒花生时，特意多加了盐，不仅吃起来好吃，而且越吃越干，这在这时，哈利又出现了，他提着爽口的柠檬冰水挨个叫卖，几乎所有拿过免费花生的观众都要买他的柠檬冰水。哈利在此过程中就是在改变看马戏的人们的生活模式。

2. 情景模拟

在11:25三亚飞往昆明的航班上，因为是廉价航空，飞机上没有餐食，乘务员小李主要负责今天的客舱销售工作，今天售卖的商品主要有餐食、饮料、飞机公仔、飞机模型、可爱的闹钟等，如果你是小李，如何利用创造刺激法来刺激顾客购买商品。

本章小结

1. 购买动机是直接驱使顾客实施某种购买活动的一种内部动力，反映了顾客在心理、精神和感情上的需求，实质上是顾客为达到需求采取购买行为的推动因素。

2. 购买动机的分类：

（1）求实心理，是指这是以注重商品或劳务的实际使用价值为主要目的的购买动机。

（2）求美心理，是指以追求商品的美观为主要目的的购买动机。

（3）求新心理，是指顾客以追求商品、服务时尚、新颖、奇特为主导倾向的购买动机。

（4）求简心理，是指顾客追求购买商品的方式简单。

（5）求名心理，是指顾客追求名牌、高档商品，借以显示和提高自己的身份、地位而形成的购买动机。

（6）求廉心理，是指顾客购买商品以价廉、实用为主要目标的购买动机。

（7）偏好心理，是指人们由于兴趣爱好、生活习惯或职业等原因，成为某类商品的经常性购买者，该类购买行为具有集中性、稳定性和经常性的特点。

（8）自尊心理，是指个体希望在各种不同的情景中，自认为有条件、有能力、有胜任某些工作实力的心理，这也是自信的表现。

（9）疑虑心理，是指个体在购买或消费某商品的时候产生的疑虑心理，此种心理的人以老年人居多。

（10）安全心理，是指个体在购买或消费某商品时，考虑更多的是此商品的安全性能。

（11）隐秘心理，是指个体在购买或消费某商品的时候，产生的保护隐私的心理。

（12）仿效心理，是指个体在购买或消费某商品的时候没有主见，别人买什么自己就买什么的一种心理。

（13）留念购买心理，是指顾客购买商品是为了记住当时的气氛、情景，留下回忆。

3. 男性顾客的消费心理：

（1）注重品牌与质量。

（2）购买目的明确。

（3）求新、求异的心理强于女性。

（4）理性消费，不易受外界的影响。

4. 顾客需求，是指顾客的目标、需求、愿望，以及期望。

5. 影响顾客购买行为的因素主要是消费心理、商品信息刺激、商品宣传刺激、差异性因素和商品感知。

6. 顾客的需求分为必备需求、单向需求和吸引需求三类。

7. 购买动机可分为两类：

（1）生理性购买动机。

（2）心理性购买动机。

8. 顾客购买行为类型主要有：复杂型购买行为、协调型购买行为、变换型购买行为和习惯型购买行为。

9. 顾客购买行为的基本特征：

（1）多而分散。

（2）量少频率高。

（3）差异性购买。

（4）非专业性购买。

（5）流动性购买。

（6）周期性购买。

（7）时代特征购买。

（8）发展性购买。

思考与讨论

一、填空题

1. ＿＿＿＿＿＿＿＿＿＿是直接驱使顾客实施某种购买活动的一种内部动力，反映了顾客在心理、精神和感情上的需求，实质上是顾客为达到需求采取购买行为的推动因素。

2. ＿＿＿＿＿＿＿＿＿＿是指这是以注重商品或劳务的实际使用价值为主要目的的购买动机。

3. 顾客需求是指＿＿＿＿＿＿＿、＿＿＿＿＿＿＿、＿＿＿＿＿＿＿，以及期望。

4. ＿＿＿＿＿＿＿＿＿是指个体在购买或消费某商品的时候产生的疑虑心理，拥有此种心理的人以老年人居多。

5. ＿＿＿＿＿＿＿＿＿是指人们由于兴趣爱好、生活习惯或职业等原因，成为某类商品的经常性购买者，该类购买行为具有＿＿＿＿＿＿＿、稳定性和＿＿＿＿＿＿＿＿＿。

6. ＿＿＿＿＿＿＿＿＿是指顾客以追求商品、服务的时尚、＿＿＿＿＿＿＿、奇特为主导倾向的购买动机。

二、简答题

1. 简述顾客购买行为的基本特征有哪些？
2. 简述顾客的需求主要有哪些？
3. 简述男、女顾客消费心理的差异主要有哪些？
4. 简述男性顾客的消费心理主要有哪些？
5. 简述女性顾客的消费心理主要有哪些？

三、案例分析

巧妙讨价还价赢得商机

小李和女友小梅一起逛街，小梅看上一条裙子，小李一看标价2 800元，觉得太贵，但是看见女友渴望的眼神，只好跟销售者讨价还价。

小李："这条裙子太贵了，能不能便宜点。"

销售者："是的，这裙子是有点贵，像这么名贵的裙子只适合一些高雅的女士，你女友这么漂亮又优雅，穿起来这套衣服一定很好看，先穿上试试。"

小梅试穿裙子时……

销售者:"你看多好看!你真幸福有这么好的男友,我在这店工作已经三年了,以我的经验,只有那些特别爱女友的男孩才舍得买这么贵的裙子给女友。好羡慕你呀!"

……

话说到这里,销售者给这条裙子打了九折,小李给小梅买了这条裙子。

思考:

(1)销售者抓住了小李和小梅的什么心态?

(2)这个案例的启示对客舱销售工作,有什么借鉴作用?

第五章　客舱销售实战

案例导入

首都航空机上销售——机上推销系航空公司发展战略

2017年"五一"假期期间，网友"十三帮帮主"选择去海口旅游。5月2日下午6点多，她从宁波栎社国际机场乘坐首都航空的JD5540航班飞往海口。飞机飞到一半行程时，还在闭目养神的她，被飞机上的广播吵醒了。广播里播放的内容，是推销、介绍东西。她睁眼一看，愣住了。眼前身穿制服的空姐，一边广播一边展示各种商品，品种还不少，有飞机模型、LED灯、面膜，还有纪念小熊等。

"这不是以前坐火车的时候经常碰到的事情吗？这'高大上'的飞机上，怎么也会有卖东西的？""十三帮帮主"说。这是她坐飞机以来头一回碰到这样的事儿，虽然不是强制购物，但感觉实在太怪，真是营销无处不在。同时，她质疑，飞机上售卖商品，也会影响乘客休息。

首都航空回应：空中销售是公司战略

对于网友"十三帮帮主"所反映的情况，钱江晚报记者联系到总部位于北京的首都航空。首都航空品牌中心负责人董小姐向记者坦言，飞机上确实存在售卖商品的行为，她表示，这是公司的一种发展战略。董小姐告诉记者，首都航空自2013年开始转型成为"旅游类低成本航空公司"，打造一个覆盖全产业链的旅游生态圈。简单来说，首都航空的航线规划将以旅游目的地为主，并且会在飞机上做一些旅游景点、线路，以及相关商品的宣讲、推荐，也就是"空中商店"。如今，这项业务已经得到了工商部门的批准。"我们本身就是中小型航空公司，飞机票价已经很便宜了。"董小姐说，"空中售卖作为一项辅助收入，并且在飞机上销售的是特许商品，这也是欧美低成本航空公司的普遍做法。"

但董小姐也表示，航空公司目前只对航行超过一个半小时的航班进行空中售卖，飞行时间低于一个半小时的短途航班还是以服务顾客为主。"在售卖时，我们也要求乘务员利用不打扰乘客休息的时候进行售卖，控制时间。我们利用向顾客提供增值服务获得的收益，来支撑自己进一步降低票价，在经营上已形成良性互动。"董小姐说。

记者了解到,在飞机上销售的不仅有小商品,还有根据航线目的地,售卖当地的著名景区的门票,实施一条龙服务。销售方式也不局限于飞机上,还包括官方网站、App(应用程序)及微信等。

(资料来源:《钱江晚报》)

春秋航空的机上销售

早在六七年前,国内第一家廉价航空——春秋航空就开始实施机上零售。春秋航空新闻发言人张武安告诉记者,传统航空业把乘坐飞机定位为一件很高档、舒适的事情,但是像他们这样定位中低端、让中国人都能坐得起飞机的航空公司,最主要的目的是将乘客安全、快速地从某一个地方运到另外一个地方。"只要能得到真正的实惠,即使在飞机上有人叫卖商品,绝大多数乘客对此也不会太在意。"张武安表示,乘客在购买机票时,就已签署附有告知此业务的协议。

春秋航空还在深圳宣布,公司正联合腾邦、腾讯、搜房网等合作伙伴,对春秋航空的传统业务进行互联网化改造,在未来几年之内,力争打造成为中国首家"互联网航空公司"。"在竞争日益激烈的民航领域,通过微博、微信、App 等新媒体渠道,开展机票销售、商品营销,以及增值服务,已变得十分普遍。"张武安说。

(资料来源:《钱江晚报》)

东方航空机上销售

机上销售,不仅是廉价航空公司的"专利",一些定位中高端的航空公司也跃跃欲试。浙江东方航空传媒有限公司谢经理告诉记者,因为受机上传统收入下滑影响,公司得增加其他辅助性收入,机上销售就是其中之一。在国际航班上,东方航空销售烟酒、手表、化妆品等免税商品,而且卖得还不错。"一是因为有'免税'这个主题,二是很多乘客确实有这个需求。"不过,在国内航班上,目前还没有实施机上销售。"但是我们现在通过国际航班的有限尝试,卖一些国内的商品,不断地尝试,哪些商品受到乘客欢迎,今后就应用于国内航班上。"谢经理补充,公司的销售策略会区别于一般廉价航空公司,"因为顾客是中高端的,还是要保证整个飞行过程的品质服务。"另外,谢经理还表示,他们正在开发飞机机上Wi-Fi和微商城结合项目,将来乘客可以在飞机上用移动终端进行网页浏览,购买公司出售的商品。"如果飞机上有商品,当场就可以给乘客。没有的话,下飞机后我们可以快递。"谢经理说。

对此,记者也采访了航空业内人士。他表示,包括三大航在内的航空企业进入了微利时代。空中商城模式会是今后航空业的一个发展趋势。这既可以让顾客得到一点实惠,也可让航空公司从中赚到一部分利润。此外,还能给大家培养一种购物模式,打开航空公司销售途径。不过,这位业内人士也表示,在飞机上进行商品销售还是要把握一个尺度,保证乘客的舒适体验。

(资料来源:《钱江晚报》)

第一节 客舱销售准备

一、销售基本功

（1）掌握客舱销售商品性能及各项参数。
（2）掌握客舱销售技巧。
（3）熟悉客舱销售的流程。
（4）强化客舱销售技巧。
（5）充分掌握销售专业知识，并恰当运用。
（6）灵活处理客舱销售过程中乘客提出异议的事件。

二、销售步骤

1. 准备工作

准备好销售岗位所需的业务用品；到岗后应仔细检查客舱内需要售卖的商品是否备齐、完好，如发现数量及商品包装或质量有问题，应迅速向乘务长汇报。

2. 销售步骤

1）向乘客问好，并致歉

在开始客舱销售前，先向顾客问好，并对顾客致歉。根据顾客身份选用恰当的称呼，如"先生/女士，您好！"，在向顾客问好时，态度要诚恳，目光要注视顾客，笑容要自然亲切。

2）对商品进行介绍

针对商品的性能、用途及各方面的优、缺点，在进行正式销售前要进行详细、具体的介绍，让顾客对商品有基础、大概的认知和了解。

3）解决销售过程中顾客的异议

商品在销售过程中可能会产生各种异议，如价格异议、商品质量异议、服务异议，以及商品邮寄费用等相关异议。例如，顾客买了飞机模型，但出来旅游携带飞机模型太不方便，这时我们可以告知顾客购买飞机模型，将提供邮寄服务，并且邮费由公司支付。

（1）价格异议的处理方式。迟缓价格的讨论：向顾客介绍商品的时候，顾客会

问销售者多少钱，销售者总是用一句话，"价格是最精彩的一部分"。这个意思就是先暂且不进行价格的讨论，让顾客感觉到付款之后就可以带来一种实惠。

用合理的理由来辨别价格，当顾客提到这个价格他不能接受或者他不愿意支付的时候，要学会比较价值与价格，让他了解所售产品的价值大于价格。

三明治法则：把价值再添加附加价值，住五星级酒店与住三星级酒店因所享受的住店服务的舒适程度不同，因此这必然造成两种不同星级的酒店的价格是绝对不一样的，这也就是说价格和价值之间必然存在差异性。

三明治法则是指对员工进行绩效反馈的基本方式，先对员工工作进行肯定，然后指出问题，最后提出改进方案、给出光明前途。

面包——认同、欣赏、关爱、幽默感。

肉——建议、批评。

面包——鼓励、希望、信任、支持。

在销售过程中，如果顾客对价格有异议，第一层可以讲商品或服务的价值，第二层再讲商品或服务的价格，第三层再次强调商品或服务的价值。

处理价格异议的三种方法：第一，用价格比较昂贵的商品来做比较；第二，延长商品的使用年限；第三，把价格预算成最低的通用参考价格。

处理价格异议的解释方法：

首先，顾客提到价格问题时会说"负担不起、现在手头上现款不足、没有这个预算、这个超出了预算"等，这就会形成价格异议。这时，作为销售员要会讲四句话，第一句话，"因为"。例如，"因为这件商品不便宜，因为它的材质、品质、使用年限、售后服务都很出色，所以它的价格不低"。第二句话，"当然这个价格和您想象的价格相比还是比较贵，但您不妨试一下"。第三句话，"您认为我们之间的差距是多少，是3%、5%，还是10元钱或20元钱？"。直到顾客说只要便宜就买。销售者一定要等待顾客把此话讲出来，不要让顾客陷入价格之争。第四句话，"我相信通过我今天的解说，最终能使您拥有我们的商品，不但给我一个很好的为您服务的机会，同时我更希望您使用我们的商品以后对您或您的团队、企业带来更多、更好的效益"。

顾客异议往往是销售者经常遇到的问题，对顾客异议要有充分的心理准备。只有正确地掌握处理异议的技巧，才能有效地排除顾客异议，从而出色地完成销售任务。

（2）商品质量异议的处理方式。当顾客对商品质量有异议的时候，一定要向顾客坚定地强调，"我们作为国内知名的航空公司，在飞机上销售的商品都是各大公司的名牌商品，商品质量绝对有保障。如果真的在使用过程中，出现了非人为损坏的质量问题都可以与我们联系，我们将及时为您提供售后服务"。

（3）服务异议的处理方式。服务异议是指顾客对购买客舱商品能否获得应有的、良好的售货服务，表示不信任或担心而提出的异议。这种异议是顾客对商品交易附带承诺的售前、售中、售后服务的异议，如对服务方式、方法、服务延续时间、服务延伸程度、服务实现的保证措施等多方面的意见。售货服务包括售前服务、售中服务和售后服务，其中，售后服务是推销服务的重点，服务异议大多源于售后服务，如"飞机上买的手表坏了怎么修呀？到哪里去找你们呀？""飞机模型有没有免费送货上门服务？"等。

顾客如果提及飞机上买的东西如何维修。销售者应这样回答，"我们提供商品的相关发票及售后服务电话，如果有问题可以给售后服务人员打电话，一定会有专人为您及时处理。"

4）销售成交前的各类练习

销售成交是指顾客接受销售者的建议及推销劝导，并且立即购买商品的行动过程，是整个推销工作的最终目标。

（1）销售成交的基本条件。

第一，让顾客全面了解商品。

在实际推销过程中，如果顾客比较熟悉乘务员推销的商品，他们就会表现出购买的热情，或表现出想与乘务员沟通的意向，甚至接受乘务员的推销建议；反之，他们就会毫不客气地拒绝乘务员。因此，作为负责销售的乘务员，应该主动地向顾客展示自己的商品，主动地介绍商品的各种优势、性能、用途等问题，尽可能消除顾客的疑虑。根据顾客的不同心理，多给顾客一个了解的时间和机会。

第二，让顾客对乘务员和商品的企业有深度认可。

如果顾客对乘务员，以及他们代表的公司没有足够的信心和信赖，那么即使乘务员手中的商品质量再好、价格再优惠，顾客购买商品的要求也会动摇、变化。因此，乘务员推销商品时，必须取得顾客的信任，这是成交的必要条件。

第三，激发顾客强烈的购买欲望。

根据市场营销学的原理，人类的需求有限，但其欲望却很多。当具有购买能力时，欲望便转化成需求，这就说明市场营销者连同社会上的其他因素，只是影响了人们的欲望，并试图向人们指出何种特定商品可以满足其指定需求，进而使商品更有吸引力，适应顾客的支付能力且使之容易得到，影响需求。因此，作为市场营销者的一员——销售者，工作重心应为做好商品的推销说明，这样才能影响和带动顾客购买。

第四，利用外在因素促使顾客做出购买决定。

"事在人为"，只要通过努力都有可能改变或影响某一事物的发展和变化。因此，

作为销售者,要等待合适的时机,必要时要想办法制造合适的时机,促使顾客做出购买决策。例如,当销售者与顾客的谈话达到高潮时,一般是较好的成交时机;国庆或者春节这样的大型节假日,人们一般比较喜欢消费,也是较好的成交机会。

第五,做好最后阶段的洽谈。

作为销售者应对推销工作有一个全面的方案,根据方案明确自己的工作目标和方向,同时也明确自己下一步的工作规划和要求。尤其是在洽谈的最后阶段,对顾客提出的意见要处理好,使顾客自始至终对销售者的推销工作及所推销的商品保持浓厚的兴趣,要引导顾客积极参与销售者的推销工作。

第六,充分了解顾客的各方面情况。

在实际推销工作中,要求销售者对顾客的情况有充分全面的了解和掌握,所谓"知己知彼,百战不殆"。

(2)充分考虑成交因素。

第一,顾客的因素。

顾客对商品的认识,顾客对销售者所推销的商品还没有完全认识,销售者所推销的商品或许是非名牌商品,或许是刚刚上市的新商品,因此顾客对商品本身不了解,不敢购买。顾客有购买意图,但其购买能力尚有一定限制,顾客对销售者所推销的商品有一定的购买欲望和购买需求,但由于受其经济收入的限制,购买能力受到影响,故暂时放弃购买。顾客受到自身的情绪和情感的影响,有些顾客由于情绪特别好或情绪特别低落时,就会去商场购物,以此来平衡自己的心理;有些顾客购物纯粹是凭着自己的某种好恶感选择购物地点和内容,所谓"跟着广告的感觉走",就是其中的一个典型的例子;有些顾客则较容易受周围群体的左右,从众心理突出,尤其是支配型性格的人,较为明显。

第二,商品的因素。

受商品的功能效用的影响,现代顾客,大多数都比较看重商品自身的质量,如果商品质量低劣,即便是其价格特别优惠,也不愿意购买。花钱买"垃圾",谁都不会做。这是影响成交的一个主要因素。受商品价格的影响,按经济学的原理,价格是价值的内在表现。"一分价格一分货""好货不便宜",许多时候商品的价格实际反映商品的质量问题。然而,即使商品质量可靠、耐用,但其价格过高,顾客也会感到可望而不可即,这也是影响成交的一个主要因素。受商品品牌效应的影响,一般来讲,对于有一定经济能力或大多数男性顾客,商品品牌好、知名度高,成交的可能性就相对大些;对于追求经济、实惠的家庭型顾客或一些女性顾客,都偏好商品的实际效用,而不一定是知名度较高的名牌商品。

第三,销售者自身的因素。

销售者的性格、工作态度等影响。一般来讲，销售者本身性格是内向还是外向，沟通风格是亲和型还是驾驭型，工作态度是热情友善、谦和，还是呆板、无表情甚至冷若冰霜，是影响实际成交的一个重要因素。受销售者推销业务能力的影响，如果销售者业务能力较强，则对商品的介绍、分析非常合理、科学，让人深信不疑；反之，则会给人一个"听不明白""越听越糊涂"，或"听了以后反增加疑虑"的感受，这必然会影响商品的成交机会。如果销售者善于创造一种氛围，有效地诱导顾客，则会给商品多一些成交机会；反之，即使有了成交机会，可能也会丧失。

（3）有效使用成交策略。

第一，保持自然、良好的成交态度。

推销成交的障碍除顾客、商品本身，以及外界其他条件外，同时还有来自销售者自己的一种情绪和心态。如果销售者在这个阶段中表现出自信心不足、害怕遭到顾客的拒绝、不敢主动提出成交要求、被动地去等待顾客，那么毫无疑问推销是不可能取得成功的。因此，作为销售者来讲，一定要克服自身的心理障碍，坚定自信心，坚信自己一定能够说服顾客采取购买行动。另外，要保持自然沉稳的态度。如果顾客决定购买，销售者不要过分喜形于色，过分热情；如果顾客拒绝购买，也不要表现得急躁鲁莽、失望沮丧。销售者应以自己的自然、良好的态度去赢得顾客的信任、尊重与支持合作的机会。

第二，防止意外介入。

在推销成交阶段，最忌意外发生和第三者介入阻挠。一般来说，在推销成交过程中，顾客随时会出现修正、推迟、改变交易的心理和行为。任何意外的发生都可能影响顾客做出购买决定，强化顾客做出修正、推迟、改变成交行为的心理倾向。因此，在这个阶段中，销售者应排除阻挠，这也是成交阶段的一个重要策略。主要做法：一是要灵活机动，即不能死抱着一种信念、一种计划，不能"一棵树上吊死"；二是要随时成交，即根据具体情况随时修正、改变自己的做法，与对方达成交易。

第三，注意成交信号，把握成交时机。

许多情况下，顾客都不会主动请求购买，因此销售者要随时留心成交信号，及时把握成交时机。当然，一方面，销售者不能太教条主义，过分重视介绍的完整性，自认为商品介绍还未全部介绍，就一直滔滔不绝地讲下去，使顾客听得兴致索然，从而失去购买热情；另一方面，要认识到顾客购买激情或交易时机不止会出现一次，失去一次还可能第二次、第三次……销售者应尝试反复实践，不断地试探成交的可能性。

第四，掌握洽谈主动权。

掌握主动权是取得成功的必要条件之一。在推销成交阶段，由于顾客随时都有

可能修改、推迟、改变购买行为,因此要求销售者做到:做好准备工作。要规划好洽谈阶段,做好充分的准备,在知己知彼情况下,制定完善的洽谈计划。运用各种方法引导洽谈,按既定的轨道前进,千方百计使顾客自始至终顾着自己的思路走,直到达到目的为止。不要把掌握主动权理解为操纵和控制顾客。销售者不能有任何强迫的态度和做法要求顾客按你的意愿办事,而应当积极引导、鼓励顾客发表观点和提出要求,然后通过对顾客观点和要求做出恰当的反应,来掌握主动权。

第五,保留一定的成交余地。

任何交易的达成都必须经历一番讨价还价。销售者在成交之前,如果把所有的优惠条件都毫无保留地告诉顾客,当顾客要求再做让步同意成交时,就会变主动为被动,毫无退让的余地,不利于最后的成交。因此,销售者应讲究一定的策略,知道哪些应毫无保留地讲出来,哪些暂不能讲,到最后的关键时候再将优惠条件作为一种突破的手段,即"杀手锏",才能取得想象不到的奇效。

(4)恰当运用成交方法。

第一,主动请求法。

销售者用简单、明确的语言,向顾客直截了当地提出购买建议,也叫直接请求成交法。这是一种最常用,也是最简单、有效的方法。

第二,自然期待法。

销售者用积极的态度,自然而然地引导顾客提出成交的一种方法。自然期待法并非完全被动等待顾客提出成交,而是在成交时机尚未成熟时,以耐心的态度和积极的语言把洽谈引向成交。

第三,配角赞同法。

销售者把顾客作为主角,自己以配角的身份促成商品成交的实现。从性格学理论来讲,人的性格可以分为多种多样,如外向型与内向型,独立型与支配型等。一般的人都不喜欢别人左右自己,对于内向型与独立型的人,更是如此,他们都处处希望自己的事情由自己把握。在可能的情况下,销售者应营造一种促进成交的氛围,让顾客自己做出购买的决策,而不要强迫或明显地左右乘客,以免引起顾客的不愉快。

第四,假定成交法。

销售者以成交的有关事宜进行暗示,让其感觉自己已经决定购买。假定成交法也就是销售者在假设顾客接受推销建议的基础上,再通过讨论一些细微问题而推进交易的方法。

第五,肯定成交法。

销售者以肯定的赞语坚定顾客购买商品的信心,从而促成交易的实现。从心理学的角度来看,人们总是喜欢听好话,销售者多用赞美的语言认同顾客的购买能力,可以有力地促进顾客无条件地选择并认同你的提示。

第六，选择成交法。

销售者直接向顾客提供一些购买决策选择方案，并且要求顾客立即购买商品的一种成交方法。它是假定成交法的应用和发展。销售者可以在假定成交的基础上，向顾客提供成交决策比较方案，先假定成交，后选择成交。

第七，小点成交法。

销售者通过次要问题的解决，逐步地过渡到商品成交的实现。从心理学的角度看，顾客一般都比较重视一些重大的商品成交问题，轻易不明确地表态；反之，对于一些细微问题，顾客往往容易忽略，决策时比较果断、明确。小点成交法正是利用了顾客的这种心理，避免了直接提示重大的和顾客比较敏感的成交问题。先小点成交，再大点成交；先就成交活动的具体条件和具体内容达成协议，再就成交活动本身与顾客达成协议，最后达成交易。

第八，从众成交法。

销售者利用大多数人的购买心理和行为促成商品成交的实现。心理学研究表明，从众心理和行为是一种普遍的社会现象。人的行为既是一种个体行为，又是一种社会行为，受社会环境因素的影响和制约。从众成交法也正是利用了人们的这种社会心理，创造一定的众人争相购买的氛围，促成顾客迅速做出购买决策。

第九，最后机会法。

销售者向顾客提示最后成交机会，促使顾客立即购买商品的一种成交方法。这种方法的实质是销售者通过提示成交机会，限制成交内容和成交条件，利用机会心理效应，促成商品成交。

第二节　客舱销售商品介绍

一、客舱餐食销售

客舱销售的餐食示例见表 5-1。

表 5-1　客舱销售的餐食示例

餐食	香菇鸡肉米饭	火腿炒饭	零食大礼包	牛肉面条	牛排
价格（元）	58	48	38	38	88
特价（元）	38	28	—	25	68

客舱销售的餐食的图片展示如图 5-1～图 5-5 所示。

图 5-1　香菇鸡肉米饭

图 5-2　火腿炒饭

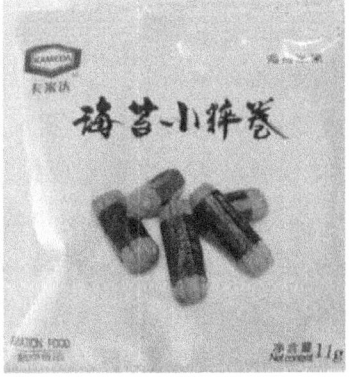

图 5-3　零食大礼包

图 5-4　牛肉面条

图 5-5　牛排

销售者主持词示例如下。

各位女士、各位先生：

　　欢迎您搭乘××航空，很高兴与您相聚在 3 000 英尺的云端，本次航班预计在上午/下午/晚间××时××分抵达××机场。为了丰富您的旅途时光，接下来我们将进行××航空独具特色的空中商城客舱销售活动。××航空致力于打造中国旅游航空领先品牌，接下来我将为大家介绍今天飞机上的餐食，今天我们精心为大家准备了：香菇鸡肉米饭、火腿炒饭、牛肉面条。餐单在座位靠背的袋子里，我们的餐食是营养专家精心搭配、用心烹饪而成的，如果您需要用餐，请按呼唤铃或举手示意，我们的区域乘务员会走到您的身边为您服务。

二、客舱饮品销售

客舱销售的饮品示例见表 5-2。

表 5-2 客舱销售的饮品示例

分类	矿泉水	红牛	雪碧	可乐	牛奶	椰汁
价格（元）	5	15	8	8	10	12
特价（元）	—	—	—	—	—	—

客舱销售的饮品的图片展示如图 5-6～图 5-11 所示。

图 5-6 矿泉水

图 5-7 红牛

图 5-8 雪碧

图 5-9 可乐

图 5-10 牛奶

图 5-11 椰汁

销售者主持词示例如下。

各位女士、各位先生：

欢迎您搭乘××航空，很高兴与您相聚在3 000英尺的云端，本次航班预计在上午/下午/晚间××时××分抵达××机场。为了丰富您的旅途时光，接下来我们将进行××航空独具特色的空中商城客舱销售活动。××航空致力于打造中国旅游航空领先品牌，今天我们精心为大家准备各种饮品，如矿泉水、可乐、雪碧、椰汁等，餐单在座位靠背的袋子里，我们的饮品价格低廉，如果您需要饮品，请按呼唤铃或举手示意，我们的区域乘务员会走到您的身边为您服务。

三、客舱化妆品销售

客舱销售的化妆品示例见表5-3。

表5-3　客舱销售的化妆品示例

分类	兰蔻口红	俏十岁面膜	雅诗兰黛眼霜	雅诗兰黛面部精华	香奈儿口红
价格（元）	230	258	380	880	280
特价（元）	208	238	368	808	228

客舱销售的化妆品的图片展示如图5-12～图5-16所示。

图5-12　兰蔻口红

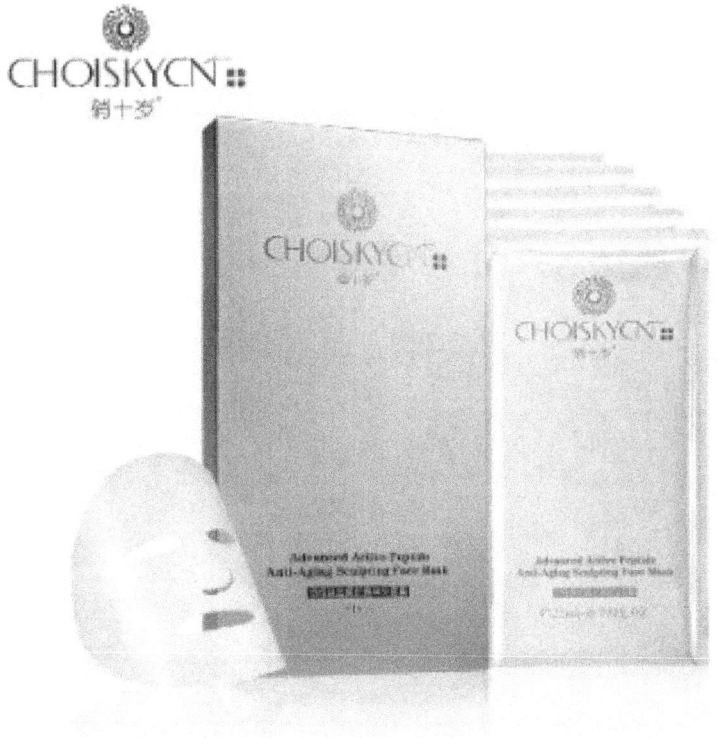

图 5-13　俏十岁面膜

图 5-14　雅诗兰黛眼霜

图 5-15 雅诗兰黛面部精华

图 5-16 香奈儿口红

销售者主持词示例如下。

各位女士、各位先生:

欢迎您搭乘××航空,很高兴与您相聚在3 000英尺的云端,本次航班预计在上午/下午/晚间××时××分抵达××机场。为了丰富您的旅途时光,接下来我们将进行××航空独具特色的空中商城客舱销售活动。××航空致力于打造中国旅游航空领先品牌,今天我们精心为大家准备各种化妆品,如兰蔻口红、俏十岁面膜、雅诗兰黛眼霜、雅诗兰黛面部精华、香奈儿口红等,相关商品介绍在座位靠背的袋子里,我们的化妆品质量有保证且价格低廉,如果您需要,请按呼唤铃或举手示意,我们的区域乘务员会走到您的身边为您服务。

四、客舱小百货销售

客舱销售的小百货示例见表5-4。

表5-4 客舱销售的小百货示例

分类	便携式双肩旅行背包	卡通飞机公仔	闹钟	雪纺丝巾	哲思太阳镜
价格(元)	150	80	160	150	1 200
特价(元)	130	68	140	128	5 80

客舱销售的小百货的图片展示如图5-17~图5-21所示。

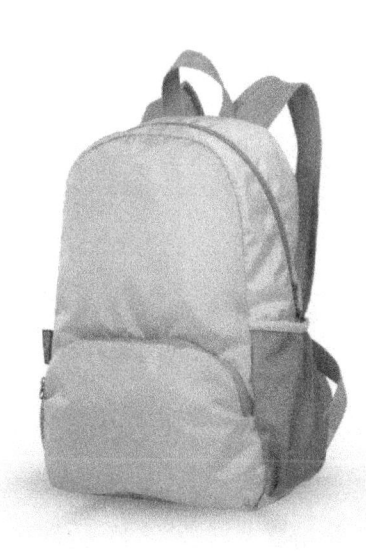

图5-17 便携式双肩旅行背包

图 5-18 卡通飞机公仔

图 5-19 闹钟

图 5-20 雪纺丝巾

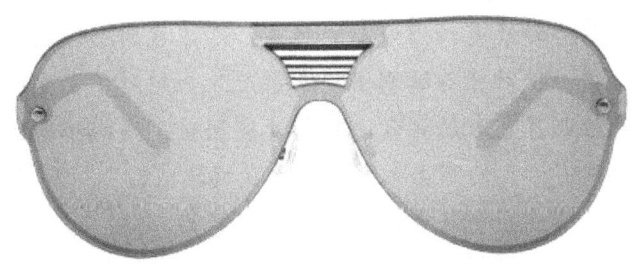

图 5-21 哲思太阳镜

1. 便携式双肩旅行背包主持词示例

各位女士、各位先生：

在旅行中，行李的重量往往影响我们的旅行质量，因此今天我为您推荐的就是一款折叠双肩背包。同样是××航空自主研发设计的旅行必备商品，它采用尼龙纤维布料制成，它的面料虽然轻薄柔软，但却具有较强的抗撕扯性、耐磨性和防水性。在背包上面印有××航空的 LOGO，非常具有纪念意义。在书包顶部加装安全支带提绳可以方便您的提拉，牢固而不易断裂，您和家人都可以放心使用。背包内部用拷边技术，干净利落。背包打开及收纳都非常方便，当您使用时只需拉开拉链将收纳袋反转，拉出即可展开。收纳也非常方便、简单，只需要将背包拉链打开，背包下部折叠反转即可完成收纳。"便携式双肩旅行背包"共分为四种颜色,分别为国际灰、炫丽紫、荧光绿和时尚粉,时尚年轻的同时而不乏商务稳重。现在××航空版"便携式双肩旅行背包"的销售价格仅为 150 元。

2. 雪纺丝巾主持词示例

各位女士、各位先生:

在旅行中要拍出好看的照片少不了一条漂亮的纱巾,奥黛丽·赫本曾经说过:"当我戴上丝巾的时候,我从没有那样明确地感受到我是一个女人,美丽的女人。"今天我们推荐的这款纱巾是采用 100%聚酯纤维的雪纺丝巾,丝巾的尺寸为 110cm×180cm,色彩多样,质地柔滑,披上犹如一丝春风抵达,让您的出行从此亮丽起来。它的优点是不仅可以作为丝巾使用,还可以作为您在海边游玩时的披风,同时雪纺丝巾还可以抵御紫外线,起到防晒的作用。搭配泳装在徐徐的海风下,通过丝巾的衬托,更显动人身影。雪纺丝巾有多种颜色和图案供您选择,我们的客舱销售价格仅为 150 元。

3. 哲思太阳镜主持词示例

各位女士、各位先生:

旅行中大家最在意的就是拍出好看的照片,所以我的制胜法宝是哲思太阳镜。特别是在阳光下佩戴,绝对让你瞬间出现明星范儿,绝对不会变路人。因为哲思眼镜受到国内外近百位明星艺人的钟爱,哲思是中国首个高端眼镜品牌,其命名灵感来自近代法国哲学家笛卡儿的著名哲学命题"我思故我在"。

哲思已成为京东唯一投资及重点支持的国内眼镜品牌,哲思眼镜独创适合东方人脸型特点的规制尺寸,提供尺码进行选择,与全球各国多领域艺术家合作,融合创新材料及工艺,打造匠心商品,铰链、插针均采用德国顶级厂商原厂制作的材料,鼻托采用法国厂商原厂制作的医用硅胶材料,舒适、牢固且防滑。哲思眼镜深受国内外各行业权威人士、科研专家及数百位明星艺人的喜爱。哲思的灵感让您在潮流的最前沿可以舒适地行走,将思想与外在的形式完美地统一。

4. 航模销售主持词示例

航模分类及价格见表 5-5。

表 5-5 航模分类及价格

分类(厘米)	15	30	40	48
价格(元)	130	260	340	480

航模图片展示如图 5-22 所示。

图 5-22　航模图片展示

以首都航空的飞机模型销售作为示例。

各位女士、各位先生：

　　欢迎您搭乘首都航空，很高兴与您相聚在 3 000 英尺的云端，本次航班预计在上午/下午/晚间××时××分抵达××机场。为了丰富您的旅途时光，接下来我们将进行首都航空独具特色的空中商城客舱销售活动。首都航空致力于打造中国旅游航空领先品牌，接下来我将与大家分享一些旅行中的经验。

　　伴手礼，还有什么比我们的飞机模型更加适合的呢？首都航空的飞机模型不仅受到了航模爱好者的喜爱，同时还具有非常美好的寓意，下面我将为大家简单地介绍一下。这款飞机模型是按照您今天搭乘的首都航空 A320 型飞机 1∶100 缩小制成的，长度为 38cm，这款飞机模型用料考究、工艺精湛，各道工序均选用安全环保树脂材料制成，机身采用钢琴烤漆，色彩丰富逼真，喷漆光亮持久如新，机模各部分连接牢固。在飞机尾翼部位印有首都航空的 LOGO——貔貅，传说中龙有九子，最小的儿子叫作貔貅，有招财进宝只进不出的寓意。整驾机身共有六只貔貅，同时也代表六六大顺的寓意。将飞机模型放在桌面上，机身呈 30°上升，好像飞机要昂首起飞，您可以将它摆放在家中或者办公桌上，代表您和您的家人、朋友财运、事业都是蒸蒸日上。无论是作为旅行的纪念，还是作为馈赠亲友的礼物，都是您优质的选择。这款 38cm 的飞机模型的销售价格仅为 300 元。接下来我们将会把这些商品带到您的身边，欢迎您的咨询与选购，如果您在旅途中也有好的经验，也可以与我们共同分享，祝各位旅途愉快！

拓展阅读

机上销售，我有我态度——记首都航空月度客舱销售冠军郭曼

她不是专业销售者，却有自己的销售思路；她每天忙于飞行，却照样钻研出许多实用的销售技巧；她欣然接受每项销售任务，保持自信并充满激情。她，就是首都航空5、6月份客舱销售冠军——郭曼。

总是一脸真诚、灿烂的郭曼，现在是首都航空客舱部乘务队杭州乘务中队的一名见习乘务长，她个性开朗、闲不住、爱逛街、爱咖啡。她的座右铭是：成功就是将别人坚持不下去的事情坚持下去。也许正是这种阳光开朗的性格，以及积极努力的心态，促使郭曼在做好客舱服务工作的同时，不断提升客舱销售业绩。

所有的成功都不是理所当然的，每个成功者，都是有备而来的。郭曼之所以能成为客舱销售冠军，经历对她是一笔宝贵的财富。郭曼大学时专修播音主持专业，大学期间，她主持过服装、新品发布会，还做过婚庆司仪。毕业后在广播电台做记者、录节目，这些经历都促成了她语言能力的提升及语言优势的培养。结合自己的经历，对比客舱销售与地面销售，郭曼有自己的见解：主持地面销售有比较大的施展空间，你面对的可能原本就是期待消费的顾客，活动气氛可以轻松、愉悦，活动方式精彩多样，还不用担心被投诉。而客舱销售时你并不只是销售者，你的本职是一名空中乘务员，即使你摇身变成了专业销售者，顾客却并不会因此成为热情的顾客。

客舱销售时，你必须摆正自己的位置态度，站在一定高度，时刻记住你所销售的商品同你的公司一样高端，你的销售工作是将一件件高档又实惠的商品介绍、推荐给顾客，切不要像普通销售者一样恳求顾客购买，这样无形之中就降低了你的公司及商品的档次，降低顾客的认同感。同时，客舱销售不能像地面销售一样随性，要考虑是否会影响顾客休息，是否会引发顾客投诉，如何避免不合时宜地破坏安静的客舱环境等问题。

面对客舱销售的种种问题及困境，郭曼并没有惧怕和放弃，而是凭着那股"将别人坚持不下去的事情坚持下去"的韧劲儿，一步步提升自己的销售能力，最终取得了客舱销售的好成绩。而郭曼究竟有什么秘籍可以一一击破这些难点呢？办法总比问题多，郭曼将自己的经验、技巧进行了总结，并分享给大家。

（1）讲话、主持不含糊。

关于客舱销售主持，相信很多人都有"理屈词穷"、与顾客"相顾无言"的苦恼。对此，郭曼有个小诀窍，那就是提前编写并背诵销售主持词。执行航班前，针对客

舱商品特性、商品效果、商品发展等，撰写800～1 000字内容饱满、逻辑清晰的主持词，并熟练背诵，如此一来，就避免了在主持销售时出现语言枯燥、逻辑混乱的情况。同时，主持时应注意语言流畅，时间控制在5分钟内，不宜过长。而且主持人的语速、音量也至关重要，声音太小，影响销售效果，声音太大、太突兀，容易打扰顾客休息、破坏顾客情绪，引起顾客反感。所以，销售主持前要用心准备一份主持词，平时不忘注意锻炼，提高自己的语言能力，普通话要标准、语言要流畅而自然。

（2）诚恳、有姿态。

对于推销，大多数顾客都抱有一定的怀疑、抵触的心理，所以换位思考很重要。很多时候，你要将自己当成顾客中的一个，将心比心，了解顾客倾向于接受怎样的销售方式。面对未知、好奇但谨慎的顾客，你需要保持一种诚恳、热情的态度，夸夸其谈、华而不实地夸张宣传或死缠烂打、穷追不舍的推销方式，容易给顾客造成商品低廉、虚假、档次低的反感印象。

客舱销售时，应注意客观评价商品，介绍商品时态度自然，保持一种"可买可不买，我只是负责将好的商品介绍给你"的高姿态。给顾客一种高端大气的感觉，让顾客将我们客舱销售同电话推销、电视购物区别开来，认同我们，以及我们的商品档次。

（3）灵活、有技巧。

机上销售可以运用一些小技巧，例如，航前可以针对销售工作进行合理、明确的分工，以便于进行默契的配合。推车销售时，有主持销售的、有协助营造热销氛围的，避免组织混乱、七嘴八舌的现象出现。

销售时应时刻保持热情的状态，让顾客感受到你的亲近和自然。但要适可而止，不能过分热情，不然会适得其反，使别人产生虚情假意的心理。也不要只专注于一个顾客，导致顾客产生厌烦情绪。同时要善于发现和挖掘，不要放弃任何一个潜在的顾客。如今，爱美已不是年轻女性的专利，男士、中老年人群也同样爱美，只要抓住不同人群的不同心理诉求，你一定能开拓出更多的顾客。

有时，你只要稍微改动一下表达方式，可能就会收到完全不同的效果。比如："先生/女士，需要看看我们飞机上的面膜吗"，完全可以换一种说法，"先生/女士，我们飞机上的面膜就剩那么多了，卖完就没有了……"。

（4）自信、不放弃。

没有主持经验、销售经验的乘务员，在进行客舱销售时，往往出现怯场、语无伦次的情况，这是个人缺乏语言能力及不善于销售的表现，但站在顾客的角度，这往往表现为对自己所售商品的不自信。

每个乘务员，当拿起话筒时要激起销售欲望并充满自信，要相信自己、相信你将要售出的商品,将自信展示给顾客,顾客接收到的便是信任。每当遇到质疑或否定的顾客时,应及时调整自己的状态,保持坦率、直爽,积极以这种心态去面对每个人。或是通过幽默的表达方式拉近你和顾客的距离,让他们可以很随和地与自己达成共鸣,同时,从你身上获得快乐和微笑。

（5）客观、不浮夸。

不但商品效果需要注意客观评价和宣传,主持词本身也不是死记硬背的,如销售面膜,完全可以根据实际情况做出适时修改,航段变化、航班目的地不同,主持词可补充类似"××城市天气干燥,需要格外注意补水"等,而针对联程航班,往往都是一样的顾客,此时应避免不同航段重复同样的主持词,同时注意商品销量的变化,让顾客感受到我们的商品销量真的不错,以增强真实感。

（6）学习、善总结。

做好销售工作,并不是一蹴而就的,它需要不断地在实践中锻炼自己的语言表达能力和逻辑思维能力。主持词是不断充实、一点点丰富起来的,销售能力也是在一次次实践中不断提高的。在每次学习他人、锻炼自己的过程中,应当多动脑筋、肯花心思,将每次学到的技巧、方法都做好总结,帮助自己下一次做到更好。比如:经历了很多航班延误的情况,就应该总结出,在延误情况下,顾客情绪波动大,应减少商品的宣传赘述和避免过长时间主持,而最好是通过简单的广播形式将信息传递给顾客。

（7）坚持、再坚持!

冰冻三尺,非一日之寒。成功不是一件容易的事,工作目标的实现总是与克服困难相伴随的,不只是客舱销售,所有的工作都是如此。我们平时不仅要勤奋学习,善于总结经验教训,还应能做到快速地调整自己的状态,使自己具备一定的抗压能力;磨炼自己,让自己具备坚毅的性格。自信、坚持!再坚持!最后就是胜利!

她可以在脱稿的情况下,在连续飞行的四个航段中灵活运用四种不同的主持词;她从来不觉得客舱正常服务与客舱销售相冲突,她有自信在航班正常的情况下完成销售任务,也相信在航班延误的情况下同样能进行销售,因为她将所售商品,作为一项优惠和福利展示给顾客,用来丰富乘客的旅途时光。每次成功,不仅挥洒着汗水,还浸透着智慧、乐观、自信、坚韧、有想法,这就是郭曼。只要努力、用心,你可以像郭曼一样,对自己充满自信,对成功有一股无可阻挡的冲劲儿。

不管你是否认同她所有的观点、想法,以及工作的方式,每个人对于成功都有不同于他人的思路,但至少在你对客舱销售工作仍毫无头绪、无计可施的时候,可以试着学习一下郭曼的方法,再加上一份认真和坚持,坚持就是胜利!

（资料来源:文/赵生敏　北京首都航空有限公司）

第三节 客舱销售情景模拟

一、客舱餐食销售情景模拟

1. 情景内容

航线：三亚—北京，起飞时间为 11:45，无免费餐食航班，无免费酒水提供。客舱供应餐食（模拟）见表 5-6。

表 5-6 客舱供应餐食（模拟）

餐食	牛排套餐	香菇滑鸡饭	火腿炒饭	鱼肉面条
肉类	牛肉	鸡肉	火腿肠	鱼肉
水果	一份	无	无	无
主食	餐包	米饭	米饭	面条
配菜	无	香菇	无	无
售价（元）	128	38	25	25

2. 模拟要求

请根据以上情景内容，参照以下要求编制对话，并进行情景模拟。

（1）5 人一组，1 人扮演乘务员，4 人扮演顾客（分别为外国友人、孕妇、儿童、穆斯林），然后互换角色再次模拟。

（2）具体对话内容可以自由发挥，但解释必须合乎常规和法律规定。

（3）乘务员的服务态度要端正，正确使用沟通技巧，语言表达清晰，肢体动作恰当，维护航空公司利益。

（4）顾客扮演者要深入角色，从顾客需求出发考虑问题。

（5）15 分钟后选取同学上台表演，按照自愿原则选取扮演者，其余同学需要对扮演者做出点评，点评者随机选取。

（6）学生点评后，教师再进行点评，指出不足之处及值得学习之处。

（7）参与情景模拟可以作为实训项目的平时成绩加分项。

如果你扮演的是乘务员，在对以上四种顾客进行餐食销售时，应注意什么问题，请写下来。

_____

_____

_____

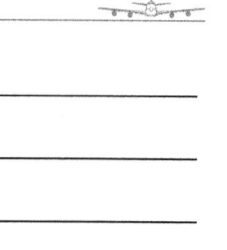

二、客舱饮品销售情景模拟

1. 情景内容

航线:三亚—北京,起飞时间为 11:45,无免费餐食航班,无免费酒水提供。客舱供应饮品(模拟)见表 5-7。

表 5-7　客舱供应饮品(模拟)

饮品	红牛	矿泉水	椰汁	芒果汁	牛奶
价格(元)	12	6	8	8	8

2. 模拟要求

请根据以上情景内容,参照以下要求编制对话,并进行情景模拟。

(1) 5 人一组,1 人扮演乘务员,4 人扮演顾客(分别为外国友人、孕妇、儿童、穆斯林),然后互换角色再次模拟。

(2) 具体对话内容可以自由发挥,但解释必须合乎常规和法律规定。

(3) 乘务员的服务态度要端正,正确使用沟通技巧,语言表达清晰,肢体动作恰当,维护航空公司利益。

(4) 顾客扮演者要深入角色,从顾客需求出发考虑问题。

(5) 15 分钟后选取同学上台表演,按照自愿原则选取扮演者,其余同学需要对扮演者做出点评,点评者随机选取。

(6) 学生点评后,教师再进行点评,指出不足之处及值得学习之处。

(7) 参与情景模拟可以作为实训项目的平时成绩加分项。

如果你扮演的是乘务员,在对以上四种顾客进行饮品销售时,应注意什么问题,请写下来。

___

三、客舱化妆品销售情景模拟

1. 情景内容

航线:三亚—北京,起飞时间为11:45。

客舱销售的化妆品(模拟)见表5-8。

表5-8 客舱销售的化妆品(模拟)

分类	兰蔻口红	俏十岁面膜	雅诗兰黛眼霜	雅诗兰黛面部精华	香奈儿口红
价格(元)	230	258	380	880	280
特价(元)	210	238	368	838	260

2. 模拟要求

请根据以上情景内容,参照以下要求编制对话,并进行情景模拟。

(1) 5人一组,1人扮演乘务员,4人扮演顾客(分别为外国友人、孕妇、一位男士、穆斯林),然后互换角色再次模拟。

(2) 具体对话内容可以自由发挥,但解释必须合乎常规和法律规定。

(3) 乘务员的服务态度要端正,正确使用沟通技巧,语言表达清晰,肢体动作恰当,维护航空公司利益。

(4) 顾客扮演者要深入角色,从顾客需求出发考虑问题。

(5) 15分钟后选取同学上台表演,按照自愿原则选取扮演者,其余同学需要对扮演者做出点评，点评者随机选取。

（6）学生点评后，教师再进行点评，指出不足之处及值得学习之处。

（7）参与情景模拟可以作为实训项目的平时成绩加分项。

如果你扮演的是乘务员，在对以上四种顾客进行化妆品销售时，应注意什么问题，请写下来。

_____
_____
_____
_____
_____
_____
_____
_____

四、客舱飞机模型销售情景模拟

1. 情景内容

航线：三亚—北京，起飞时间为 11:45。

客舱飞机模型为海航飞机模型空客 330、300，长度为 38cm 和 48cm 两种，售价分别为 280 元和 380 元。

2. 模拟要求

请根据以上情景内容，并参照以下要求编制对话，并进行情景模拟。

（1）5 人一组，1 人扮演乘务员，4 人扮演顾客（分别为外国友人、孕妇、一位女士、穆斯林），然后互换角色再次模拟。

（2）具体对话内容可以自由发挥，但解释必须合乎常规和法律规定。

（3）乘务员的服务态度要端正，正确使用沟通技巧，语言表达清晰，肢体动作恰当，维护航空公司利益。

（4）顾客扮演者要深入角色，从顾客需求出发考虑问题。

（5）15 分钟后选取同学上台表演，按照自愿原则选取扮演者，其余同学需要对

扮演者做出点评，点评者随机选取。

（6）学生点评后，教师再进行点评，指出不足之处及值得学习之处。

（7）参与情景模拟可以作为实训项目的平时成绩加分项。

如果你扮演的是乘务员，在对以上四种顾客进行飞机模型销售时，应注意什么问题，请写下来。

_____
_____
_____
_____
_____
_____
_____
_____

五、客舱免税品销售情景模拟

1. 情景内容

航线：三亚—北京，起飞时间为 11：45。

客舱免税品销售为航空公司特有的客舱特色销售环节，飞机上特供各种品牌的免税品，免税品种类繁多，价格实惠。

2. 模拟要求

请根据以上情景内容，并参照以下要求编制对话，并进行情景模拟。

（1）5人一组，1人扮演乘务员，4人扮演顾客（分别为外国友人、新婚夫妇、一位女士），然后互换角色再次模拟。

（2）具体对话内容可以自由发挥，但解释必须合乎常规和法律规定。

（3）乘务员的服务态度要端正，正确使用沟通技巧，语言表达清晰，肢体动作恰当，维护航空公司利益。

（4）顾客扮演者要深入角色，从顾客需求出发考虑问题。

（5）15分钟后选取同学上台表演，按照自愿原则选取扮演者，其余同学需要对扮演者做出点评，点评者随机选取。

（6）学生点评后，教师再进行点评，指出不足之处及值得学习之处。

（7）参与情景模拟可以作为实训项目的平时成绩加分项。

如果你扮演的是乘务员，在对以上四种顾客进行免税品销售时，应注意什么问题，请写下来。

_____

_____

_____

_____

_____

_____

_____

参 考 文 献

[1] 刘秀丽. 网络环境下民航客票销售渠道的变迁[J]. 当代经济，2010,23:58-59.
[2] 销售者时间管理的六条黄金法则[J]. 北方牧业，2015,20:33.
[3] 张鼎健. 商品在营销中的2/8原则[J]. 广告大观，2004,11:76-77.
[4] 王春. 海南航空营销渠道管理研究[D]. 南昌大学，2013.
[5] 李奇峰. A公司销售者绩效考核体系研究[D]. 吉林大学，2013.
[6] 于强. 销售者激励研究[D]. 山东大学，2005.
[7] 孙玉英. 销售者绩效管理研究[D]. 西南财经大学，2007.
[8] 郭黎. 民航服务礼仪CBT软件的设计与开发[D]. 山西师范大学，2016.
[9] 恒玺，何奇. 浅谈航空服务礼仪及个性化服务[J]. 交通企业管理，2013,02:8-9.
[10] 陈晓燕. 现代礼仪文化在民航服务中的实践探析[J]. 淮海工学院学报（人文社会科学版），2012,16:97-98.

反侵权盗版声明

电子工业出版社依法对本作品享有专有出版权。任何未经权利人书面许可，复制、销售或通过信息网络传播本作品的行为；歪曲、篡改、剽窃本作品的行为，均违反《中华人民共和国著作权法》，其行为人应承担相应的民事责任和行政责任，构成犯罪的，将被依法追究刑事责任。

为了维护市场秩序，保护权利人的合法权益，我社将依法查处和打击侵权盗版的单位和个人。欢迎社会各界人士积极举报侵权盗版行为，本社将奖励举报有功人员，并保证举报人的信息不被泄露。

举报电话：（010）88254396；（010）88258888
传　　真：（010）88254397
E-mail：　dbqq@phei.com.cn
通信地址：北京市万寿路 173 信箱
　　　　　电子工业出版社总编办公室
邮　　编：100036